Otto Keller

Beschreibung der wichtigsten Horazhandschriften

Otto Keller

Beschreibung der wichtigsten Horazhandschriften

ISBN/EAN: 9783743652668

Hergestellt in Europa, USA, Kanada, Australien, Japan

Cover: Foto ©ninafisch / pixelio.de

Weitere Bücher finden Sie auf **www.hansebooks.com**

Q. HORATI FLACCI OPERA

RECENSVERVNT

O. KELLER et A. HOLDER

VOL. I

CARMINVM LIBRI IIII
EPODON LIBER CARMEN SAECVLARE

ITERVM RECENSVIT

OTTO KELLER

LIPSIAE
IN AEDIBVS B. G. TEVBNERI
MDCCCXCIX

D. M.

FRIDERICI RITSCHELII

PRAEFATIO.

Flagitantibus amicis, ut tandem aliquando plenam et integram codicum Horatianorum in medio poneremus enarrationem, iamiam huic desiderio satisfacere sociataque opera ambo nos editores, quicumque codices ad rem criticam momenti alicuius esse uidebantur, eos hic enumerare ac describere in animum induximus, idque non lyricorum solum carminum, sed etiam dactylicorum plerumque habita ratione.

Librorum manu scriptorum sunt classes siue ordines tres.

Ordo I.

Primus ordo, si cum ceteris libris comparatur, paucissimis mendis laborat. Idem scholiis q. d. Pseudacronianis, scholiis Γ glossisque Γ ita se applicat, ut data occasione hic illic glossae in contextum inrepserint. Codices ipsi autem sunt hi:

D'

D' = D + r, liber admodum bonus, VIIII, ni fallimur, saeculi; paucissimis $\overline{\text{III}}$ ordinis falsis lectionibus (c. I 13, 5 *tum*) deformatus; restitui potest inde a c. I 11, 6—29, 1. 31, 16—III 2, 31. D' non capitalibus litteris exaratus erat; c. I 2, 25 enim D *cliuū* scribit pro *diuū*.

Nec solum D + r, sed etiam D corr. + r codicem D' repraesentant, siquidem D a librario ipso correctus ueram libri D' lectionem exhibet, ut

c. II 12, 12 *minancium* D pr. *minacium* D corr.
c. II 17, 7 *nec* add. D corr., om. D pr.
c. II 19, 6 *bachi* D pr., *bacchi* D corr.
c. II 19, 21 *comparentis* D pr., *cvm parentis* D corr.
c. II 20, 2 *penna* D pr., *pinna* D corr.
c. II 20, 14 *gementes* D pr., *gementis* D corr.

Quod ad formam litterarum attinet, notabile est $\nmid$ pro *s* c. II 16, 9.

D

D = Argentoratensis C VII 7, conlatus ab Holdero mense Maio 1864; combustus mense Sextili 1870; 82 foliorum formae quartae minoris, undeuicenarum uel uicenarum in unaquaque pagina linearum; saec. $\overline{X}$, membr. = Oberlini cod. A, quo utebatur in libro 'Q. *Horatii Flacci carmina curauit Jeremias Jacobus Oberlinus philosophiae professor. Argentorati MDCCLXXXVIII.*' Cod. D erat admodum mancus; continebat enim carm. I 2, 2 — 29, 1. 31, 16 — III 2, 31; deinde fol. 39 sqq. epist. II 2, 112 — 152. 193 — 216; tum serm. I 1, 1 — II 2, 131. 3, 74 — 5, 94 (fol. 82^r). Inde a fol. 11^r = c. I 16, 1 obscuriore atramento scriptus erat. Glossae proxime accedebant ad glossas Fλ quae sunt excerpta potissimum Porphyrioniana, originis transrhenanae.

Notabilis scriptura est c. I 34, 3 *retrosum* in D solo; quamquam dubium est num sit Horatianum; cf. *sinistrosum* epod. 9, 20 R δ1. Neumae inueniuntur c. I 10, 9—12.

τ

τ = Turicensis (bibliothecae cantonalis) Carolinus 6, saec. $\overline{X}$, membranaceus. Codex mixtus, constans ex duabus partibus plane diuersis, id quod absoluta demum priore editione sero perspeximus. In hac retractatione eam solam partem adhibuimus, qua ut ordinis primi teste codex D suppleri potest. Eas autem partes, quae tertii ordinis (stirpis δ'') sunt, siglis T uel *Turic.* usi hic illic tantum protulimus; ceterum infra in $\overline{III}$ ordine de hac re disputabitur.

τ uicenas ternas lineas in unaquaque pagina exhibet, T uel Turic. uicenas uel uicenas singulas.

τ nil continet nisi c. I 11, 6 — III 27, 55 = fol. 8^r — 53^v. Cuius partis duae imagines extant in Orellii indice lect. acad. Turic. 1835 tab. 5 nr. 14 = c. I 14, 1—11 et in Kirchneri nouis quaestionibus Horat. tab. 1 nr. 3 = c. III 4, 1—6.

τ etsi cum D artissimo nexu cohaeret, tamen inde non descriptus est, uide c. II 4, 17 *credo* (falso) D, *crede* τ.

Quascumque solus habet lectiones τ, nullius sunt pretii:

c. III 4, 27 *arbos* τ.
c. III 10, 3 *obiicere* τ.

Dignus est qui notetur circumflexus c. III 5, 11 *aeternaq. uĩfta*; cf. *uēstibulum*, *Vēstini* (A. Marx, lat. Vokale in positionslangen Silben², Berlin 1889 p. 77).

γ'

$\gamma' = \gamma +$ h, $\overline{X}$ ni fallimur saeculi codex, plurimis locis reconstrui potest, ut

PRAEFATIO.

```
  c. II   3, 28  cymbae uel cimbae γ'
         18, 32  herum γ'
    III   1, 43  falernae γ'
          5, 43. 16, 22 a (pro ab) γ'
         10, 18  animo γ'
         27, 48  tauri γ'
   IIII   3, 14. c. s. 17 soboles, sobolem γ'
          5,  1  romuleae γ'
         12, 11  delectantque γ'
         12, 16  merebere γ'
         13, 22  breuis γ'
         14, 28  meditutur γ'
 epod.    1,  5  omis. si γ'
          2, 18  aruis extulit γ'
          2, 23  nouum carmen γ'
          3,  3  allium γ'
          9, 25  kartaginem γ'
         10, 20  notus γ'
 epist. II 1, 114 nauim γ'.
```

Falsarum lectionum satis magnum numerum in γ et h communem esse patet. Inde a c. I 1—23, ubi (u. 6) γ genuinus incipit, h ad restituendum I ordinem non sine fructu adhiberi potest. Vtrumque codicem olim in Heinrici II regis bibliotheca Bliaudifontana (Fontainebleau) fuisse addito in tegumentis Dianae illius Pictauiensis monogrammate ⚭ efficitur. Ex monasterio quodam Francogallico γ' oriundus est; nam plerique ueterum auctorum codices Bliaudifontani Francisco I rege per Gagnaeum (Iean de Gagny, † 1549) eo delati sunt, qui ex uariis monasteriis Francogallicis libros conquisiuit.

γ

γ = codex Parisinus 7975 saeculo X—XI pulchre scriptus, membranaceus; 0, 33 × 0, 246; 100 foliorum, 40 uersuum in singulis paginis. Huius libri ectypon dedit Chatelain I tab. 85 = epod. 17, 53 — c. s. 8. Qui nunc codicis γ primi quaternionis speciem prae se fert, haudquaquam initio ad illum librum pertinuit; etenim fol. 1, 2, 3 et 6, 7, 8 (sed 6 excisum, 7 et 8 in unum conglutinata) = c. I 1, 1—7, 4 et c. I 18, 15—23, 5 quinto uel sexto decimo demum saeculo scripta sunt. Inserta inter haec sunt fol. 4 et 5 = c. I 7, 5—12, 56, oriunda ex alio saeculi XI codice, qui tertii ordinis erat, sed eiusdem formae et modi, cf. Epileg. p. 34. Genuinus γ a II demum quaternione = fol. 9—16 = c. I 23, 6— II 13, 7 incipit. Secuntur c. II 13, 8—IIII fin., dein expositio metrica (fol. 39ᵛ—40ᵛ), tum a. p., epod., c. s., epist. I 1, 1—60, s. I 1, 1—II 8, 95; fol. 81ʳ et 82ʳ excerpta quaedam ex Fulgentio interpolata sunt; fol. 83 = epist. I 1, 1 — 61 med.: *Nil cscirc tibi* (supplem. saec. $\overline{\text{XIII}}$); fol. 84ʳ — fol. 98 = epist. I 1, 61 — II 1, 247. Reliqua (epist. II 1, 248 — 2, 216) saec. $\overline{\text{XV}}$ uel $\overline{\text{XVI}}$ addita sunt. Etiam genuinam codicis γ partem, quae in optimorum I ordinis codicum numero est, a diuersis scribis exaratam esse constat; inde ab epod. 5, 37 altera manus incipit, sed indoles classis eadem manet.

Codex γ libris b et M proxime adfinis est. Partim solus, partim cum paucis adfinibus nonnullas uolgaris sermonis proprietates exhibet, ut:

mostrum c. I 37, 21 (γ).
tresauro (aγ) s. II 6, 11.
uocuo (γ pr.) s. II 2, 119.
set passim pro *sed* (γ uel γ pr.).
incolomi a. p. 222 (γ et alii).
obiice (primus γ) epist. I 16, 62.
nauim (γβ") epist. II 1, 114.
suppremi (solus γ) c. I 32, 13.
diluies (γ) c. III 29, 40.
detergit c. I 7, 15 (γ E z).

Neglegentis quoque scribae menda reperiuntur, ut:

et dicta pro *edicta* (c. IIII 15, 22).
et quina pro *equina* (epod. 8, 8).
et mancipatus pro *emancipatus* (epod. 9, 12).
refferre γ solus (s. I 2, 77).

Originarium exemplar minusculo q. d. litterarum genere scriptum erat: habemus enim a. p. 308 *iustus* γ1 pro *uirtus*; s. II 6, 77 *uicinas* γ pro *uicinus*.

Hic codex multis sordet falsis lectionibus eius modi, quae ex glossis (*opere in longo* a. p. 360) uel variis lectionibus glossematicis explicantur (*brennos* c. IIII 14, 11. *clientiae* c. II 18, 8); etiam talibus mutationibus conspicuus est, quales ludimagistri excogitare solent (*a* pro *ab*, *nec* pro *neque*, *domus* pro *domos* epod. 5, 53, *post haec* pro *post hoc* (γγ) epist. II 1, 175), quae uitia magnam partem ad ipsum primi ordinis archetypum referenda sunt. Ceterum cod. γ, si Horati contextum, quem etiam sine eo construere licet, eximia, plurimi etiam aestimandus est eam ob causam, quod optimam et plenissimam exhibet recensionem et scholiorum Γ et glossarum Γ.

Schol. Γ

Schol. Γ sunt amplificata forma scholiorum Pseudacronianorum (cod. A); cf. symbola philologorum Bonnensium in honorem Friderici Ritschelii, Lips. 1864—67, p. 499—502; conscripta circa a. 600—650 p. Chr., non ante Isidorum († 636). Notabilia sunt inter alia posterioris aetatis uocabula *cupidinarius* et *hyrneosus*.

Cum Fulgentio nil faciunt. Quae enim codicis pars Fulgentium (ex mythol. libro III) continet, fol. 81ᵛ et 82ʳ, non pristini libri est, sed saec. $\overline{XII}$ uel $\overline{XIII}$ scripta.

Gloss. *Γ*

Gloss. Γ = scholia, quae inter lineas leguntur, Francogallicam originem habent; *fragili*] *brisili* c. III 23, 16. Accedit quod glossarum *Γ* scriptor codicem stirpis u´ ante oculos habebat, quae stirps certo ex Francogallia oriunda est: s. I 8, 19: *in aliis* (= u) *uexant lego*. cf. Richard. Kukula, de tribus Pseudacronianorum scholiorum recensionibus, Vindobonae 1883. Alex. Kurschat, progr. gymn. Tilsit. 1884: unedierte Horazscholien des cod. Parisinus Lat. 7975 (γ) zum vierten Buch der Oden, den Epoden, dem Carmen saeculare und dem ersten Buch der Satiren.

h

h = codex Parisinus 7976 membranaceus saec. $\overline{XI}$ exeuntis, 0,265×0,191 m., foliorum 154, linearum in unaquaque pagina 26, olim Bliaudifontanus (Fontainebleau), ut γ. Horatius cum scholiis, sed sine uita: carm., a. p., epod., c. s., serm., epist.; c. I 3, 1—4 neumae Boethianae; item in codice A et in Parisino 7979 saec. $\overline{XIII}$.

Quamquam per totum Horatium plerumque cum $\bar{I}$ ordine, praecipue cum γ, consentit, tamen ei etiam multae lectiones III ordinis admixtae sunt, ut c. I 12 in prima stropha congruit cum $\bar{I}$ classe, in sequentibus cum bu´; nec descriptus est h ex γ: c. IIII 4, 41: *arma* γ, *alma* h. Ex singularibus quibusdam lectionibus id quoque plane intellegimus, codicis h auctorem interdum, sed non adhibito altero eoque meliore libro ex suo ingenio ut falsam ita non inficetam temptasse correcturam, ut c. IIII 4, 65 *mersu profundo* pro *merses profundo*. epist. I 4, 7: *dii tibi diuitias artemque dedere fruendi* pro *d. t. diuitias dederunt artemque fruendi;* a. p. 304 *sed ego* pro *ergo* archetypi, fort. transpositum ex *ego sed* codicum u´n. Codex h propensus est ad assimilationem: praeter eiusdem (saec. $\overline{XI}$) aetatis codicem ϱ antiquissimus est, qui c. IIII 14, 10 *implacidum* praebet. h et v (saec. $\overline{XII}$) epist. II 2, 170 habent *assita* pro archetypi *adsita*.

h etiam codicibus β et f admodum cognatus est, permultisque locis liber β″ = βfh restitui potest. Qui codex β″ (fortasse $\overline{VIIII}$ saeculi) inde a c. III 27—IIII extr. (cf. discript. classium) constanter cum primo ordine facit, alibi uero, ut infra docebimus, inter tertium ac primum fluctuare solet, uid. ord. tertium.

ξ´

Certo $\bar{I}$ ordinis fuit liber ξ´, ex ξ et M componendus, $\overline{VIIII}$ fortasse saeculi, arta cum E propinquitate coniunctus, minusculis litteris exaratus, cf. *diserit* pro *diserit* M pr., s. II 3, 316. Titulorum in ξ′ partes oblitteratas fuisse inde efficitur, quod c. I 11 M pro uoce OMITTENDAM nil nisi (ᵀ)III pinxit, cum codices R a D ueram lectionem exhibeant (ξ deficit).

ξ

ξ sunt schedae Scheftlarnenses Monachii conseruatae, ex librorum tegumentis per Wilhelmum Meyerum comparatae, uetustiores quam M, saec. X̄. ξ continet carminis saecularis, serm. I 5. 6. II 1. 4. 6 partes. Contextum interdum dictando exceptum esse intellegimus ex s. II 5, 28, ubi *imbrobus* scriptum est pro *improbus*. c. s. 65 in ξ1 solo unice ueram archetypi formam *aequos* seruatam uidemus: ξ scribit enim *acquos*; s. II 1, 43 *robigine* recte ξM1 E, s. II 4, 84 recte *uestis* ξM1 E. Falso s. II 1, 69 *tributum* ξME alii. s. II 1, 79 falso *diffindere* ξMDb. s. I 5, 104 *brundusium* falso ξMr. s. II 4, 91 *iueris* ξM1 E. Profecto ualde dolendum est, quod codex ξ non integer ad nostram aetatem peruenit.

M

M = codex Mellicensis (Melk, ad Danuuium), 177 foliorum 0,207 × 0,13 m., uicenorum quinorum uersuum in plerisque paginis, saec. X̄Ī pulchre scriptus, maximam partem Horati continet, deficientibus c. I 30, 7—33, 15. II 4 tit.—6, 6. III 24, 51—IIII 15, 32. serm. II 5, 95—8, 95. epist. I 6, 57—16, 34. In epistularum libro Ī octo folia interpolata sunt, multo posterius scripta. Nunc series est haec: c., epod., c. s., a. p., epist., serm.; sed olim eadem fuit quae est codicis γ, ita ut a. p. inter carminum librum IIII et epod. legeretur; nam ante epod. 1, 1 scribitur p. 79:
Q · HOR · FLACCI · DE ARTE POETICA EXPLIC̄ INC̄P EPODON ‖ AD MECENATEM.
Quae antecedere debebant folia desunt; uerisimiliter continebant excursum illum metricum qui in γ post carminum libri IIII finem legitur.

In Epilegomenis et discriptione classium praestantiores lectiones ad singulos locos constanter enumerantur. Codex M ex optimis Ī ordinis est, quamquam hic illic e stirpe σu′ pendere uidetur, ut c. I 22, 11 *expeditus* M u v uar.; s. II 3, 114 Mξσ *pascatur*; epist. I 3, 31 *numatius* pro *mun.* Mv; recte s. II 5, 78 *nequiere* M cum σvα. Praeterea in M solo uera forma *neclectis* inuenitur s. I 3, 37 et c. I 6, 3 *qua rem cumque* pro ceterorum codicum *quam rem cumque* scriptum est, uid. Epileg. Proprius est circumflexus in *quis* s. I 4, 130. Ad cognoscendam rationem, quae inter ξ et M intercedit, facit c. s. 65: *aequos* ξ, *acquis* M.

Codex M ex Francogallia oriundus per Gersonem in Benedictinorum Mellicensium bibliothecam translatus esse dicitur; ceterum glossae Theotiscae altera manu aspersae inueniuntur; cf. Steinmeyer-Sievers, ahd. Glossen II p. 338. Alter codex Mellicensis, sed non Horatianus, e fano s. Germani Autessiodurensis (St. Germain l' Auxerrois) originem ducit. In ipso codice M adnotatum legimus: 'Iste liber redintegrat' est ab odelrico. cui' et erat.'

E' e

E' (saec. X?) = E + e, Ratisbonensis et Stuttgartiensis, qui ambo ad uerbum inter se congruunt; ceterum cod. e nihil est nisi exile fragmentum; continet tantummodo serm. I 1, 6—117. Est bibliothecae publicae Stuttgartiensis, ms. poet. et phil. 53 (47) saec. XI—XII, membr., duo folia a libri cuiusdam tegumento detracta, cum scholiis marginalibus, quae nunc quidem euanuerunt.

E

E = olim Ratisbonensis sancti Emmerammi 685, nunc Monac. Lat. 14685, membr., 0,21 × 0,170 m., cum codice C uno uolumine comprehensus, quod omnino 121 foliis constat. Insunt:

fol. 1 sqq. saec. XII: Sallustii bell. Catil. et Iugurthinum.

fol. 56 sqq. saec. XI: Horati carmina, fol. 74 sqq. epodon liber, fol. 77 sq. carmen saeculare, fol. 78 sqq. de arte poetica, fol. 82 sq. sermon. I 4, 122 — 6, 40 et II 8. fol. 83 sqq. epist. libri II, fol. 92 sqq. sermonum libri II. fol. 106 sqq. extat Matthaei Vindociensis Tobias siue paraphrasis libri Tobiae uersibus elegiacis composita.

Sunt igitur duo Horatii codices non integri, quorum uetustiorem littera C, recentiorem E notamus. C II ordinis est, item E in epistulis. Hic autem de iis libri E partibus disputandum est, quae primi ordinis sunt: c. I 1, 1 — III 26, 12. serm. I 1, 1 — II 5, 86. 6, 34—8, 95. a. p. 441—476.

E saeculo XI nitide et perspicue exaratus est, fusciore atramento et minoribus litteris quam C, sed characteris simillimi. Qui duo codices prorsus diuersi quamquam colligati, tamen clare discerni possunt. E quadragenos binos uel ternos uersus in singulis paginis habet, C quadragenos. Quae in apparatu critico c. I 1—III 26, 12 nota C signauimus, ea ad E potius pertinent (uid. adnotationem ad c. III 26, 12). Post 'arrogantem' nouem lineae uacuae relictae sunt; praeterea ultimum quaternionis folium deest, quod praetermittebatur, quia ad supplendum C superuacuum erat. Hinc colligitur primam libri E partem scriptam esse ad supplendum codicem C, qui mancus factus erat.

Haud absimilis est C et E librorum in arte poetica condicio. Qui C scripsit, inde a u. 441 non habuit, unde describeret, cum in exemplo B' uersus 441—476 deessent. C igitur inde a u. 441 mancus erat. In B subscriptionem inuenimus: FINIT POETICA SERMON LIb · I · INCIPIT. In C scholiis ac duabus imagunculis paginam uidemus expletam; in altera pagina artis poeticae reliqua pars sequitur alia manu ac nigriore atramento scripta: quam alteram manum significauimus littera E. Ad summam E constat ex his Horatianorum librorum partibus: c. I 1, 1 — III 26, 12. serm. I 1, 1 — II 5, 86. 6, 34 — 8, 95. epist. I 1, 1 — II 2, 216. a. p. 441—476.

E ex Germania superiore oriundus est:
 s. II 4, 37 *aferrere* pro *auerrere*,
 s. II 6, 44 *callina* pro *gallina*,
 s. II 7, 35 *plateras* pro *blateras*,
 epist. II 2, 107 *fenerantur* pro *uenerantur*.

Cf. proxime adfinem ξ (*imbrobus*).

Partim dictatus est, partim descriptus, idque ex libro minoribus litteris picto, cf. s. II 7, 35: *clama* pro *dama* E pr.

Alterius manus correcturae in E (ut c. II 6, 1) rarissimae sunt, neque eas diligentius ac per totum librum additas esse apparet: etenim etiam eiusmodi menda remanserunt, quae plane sensu carent, qualia sunt:
 c. I 8, 10 *catius* pro *cautius*,
 c. III 23, 20 *ferre* pro *farre*,
 c. III 24, 28 *subscripsi* pro *subscribi*.

Interdum *I* longa in initio singularum uocum reperitur:
 Iuppiter c. I 11, 4.
 Iocum epist. I 19, 20.

Litterarum ligaturae: $\aleph$ = *nt*, $V\!\!\!\!V$ = *us*, ut c. I 28, 21. 27, 22. ſ. = *sed*, non *set*: ſ. & c. III 1, 40 = *sedet*.

E et in carminibus (I 1 — III 26, 12) et in sermonibus primi ordinis est et codici ξ' admodum adfinis; in epistulis uero secundo ordini adnumerandus (uide descriptionem classium); ibi proxime abesse uidetur a codice g.

Quod ad orthographiam q. d. attinet, in E posteriora cum uetustioribus mixta uidemus:
 c. I 28, 30 *negligis* cum u'g,
 s. I 2, 1 *conlegia* E (*colegia* R),
 s. I 4, 19 *hirquinis* cum M L 1 r 1 c 1, recte;
   larisae c. I 7, 11 recte cum L 1 R 1 r 1,
 s. II 3, 186 *uolpes* recte cum ψ 1 pr. Reg.,
 s. II 5, 62 *iuenis* E,
 s. II 5, 73 *adiuat* E 1.

Vbique legimus *motare* pro *mutare*, uid. Epileg. ad c. I 2, 41; quae quidem scriptura propterea nondum extitisse putanda est in E', quia e id non praebet (s. I 1, 18).

'In usum Delphini' ut dicunt uersus s. I 3, 107 in E omissus est.

De epistulis uide II ordinem.

ά

Primo ordini adnumerandum est etiam fragmentum Augiense (ά) saeculi XII, nunc Carolsruhanum, continens epist. I 7, 3 — 64. 75 — 88. 8, 1 — 11, 26. 12, 5 — 18. 29. 13, 1 — 14, 25; nonnulli uersus toti, alii partim sunt abscisi; desunt fines uersuum epist. I 7, 57 — 64. 11, 13 — 17, initia epist. I 7, 81 — 88. 12, 5 — 9, toti uersus epist. I 7, 65 — 74. 89 — 98. 11, 27 — 12, 4. 19 — 28. Testis lectionum *menan, negat, saluare, depellat* etc. ά sine dubio primo codicum ordini attribuendus est.

δ2

Ad eundem ordinem constanter pertinet codicis δ altera manus, δ2, cuius lectiones in hac noua recensione suo quamque loco enumerauimus. Codex δ enim, qui ipse III ordinis est, I ordinis uariis lectionibus consulto aspersus uel ad eas correctus est. Idem corrector antiquas formas, ut accusatiuos in *is* desinentes, ubique expungere solebat, ut c. s. 24 *frequentis* in *frequentes* mutatum uidemus.

A'

A et a codices inter se consentientes A' repraesentant, qui liber inde a c. II 5 — epod. 15, 17 (uide discriptionem classium) et in epistulis construi potest. c. II 5 — epod. 15 A' secundae classis (Mauortianae stirpis) est, in epistulis uero primae. Nescio an A' septimi saeculi et Francicae originis fuerit.

A solus usque ad c. II 5 ad II classem (Mauort.) pertinet, item epod. 15 — c. s. fin.

A

A = Par. 7900 A saec. X, membr., 0,35 × 0,28 m., uers. 58 in sing. pag. carm., olim Puteani[1]) nr. 20. Cum reliquis codicibus Puteanis in bibliothecam regiam delatus est anno 1657. Codex A ualde mancus est, prorsus enim desunt sermones, epistularum liber II et ars poetica; partim rescriptus, qua de re uide U. de Wilamowitz-Möllendorff in Hermae uol. XI p. 118 — 120. Epistulae binis columnis (uers. 53 — 60) et ab altera manu scriptae sunt.

Acr. Ac.

In carm. et epod. A praeter Horatium Pseudacronis quoque uetustissimam omnium elegantissimamque exhibet recensionem, et est huius antiquitatis monumenti codex longe praestantissimus. Hae 'expositiones', quibus praemissa est breuis uita Horatiana, medio quinto saeculo a pagano quodam in Italia degente conscriptae sunt, in auxilium uocato Porphyrione; haec docuimus in symbola philologorum Bonnensium p. 499.

---

1) siue Puteanorum; erant fratres Claude et Iacques Dupuy. Iacques uita defunctus est 17. Decembr. 1656.

PRAEFATIO.

In A etiam sicut in cod. h neumae a posteriore manu — teste Ernesto Schelle saeculo XI — additae insunt, fol. 27' et 28' ad primos uersus carminis illius: '*Sic te diua potens Cypri*'.

Codicis A folia quattuor, quibus epod. 16, 27—17, 81 et epist. I 6, 65—12 extr. continentur, in bibliotheca ciuica Hamburgensi adseruantur. Illa duo folia, in quibus epodon ultima pars cum Mauortiana subscriptione leguntur, abscisa uel euolsa esse suspicamur propter hanc ipsam subscriptionem. Itidem et aliorum auctorum, ut T. Liui, codices mutilatos uidimus ab hominibus subscriptionum curiosis. Imaginem inuenies apud Chatelain, I tab. LXXXII — c. II 20. III 1.

In principio huius libri legitur Terentius cum commentario, tunc sequitur Horatius, post hunc Lucanus I 176 sqq., Iuuenalis 15, 174 sqq., Martianus Capella, unusquisque cum glossis.

a

a = Mediolanensis Ambrosianus O 136 sup., olim Avennionensis, membranaceus, saec. VIIII exeuntis, partim rescriptus; 0, 237 × 0, 144 m. Subest auctor Christianus saeculi VII, cuius fragmenta quaedam Angelus Maius edidit, Iohannes Mercati nouam editionem parat. — Inest totus Horatius, nisi quod post serm. II 7, 27 genuinus a desinit et multa folia in margine mutilata sunt. Continet igitur c. I—IIII, a. p., epod., c. s., epist. I. II, serm. I 1, 1—II 7, 27.

Imaginis speciem uide apud Chatelain I tab. LXXXI — c. II 15, 9—III 1, 7. Sunt autem 44 folia membranea, 43—50 lin. et binae columnae in singulis paginis.

Glossae Γ hic illic aspersae sunt. Tituli ab ipso librario exarati et satis magnam redolentes antiquitatem praebent genuinam scripturam *Vergilium* c. I 24, tit. Inde a serm. I 4, 66 nigrius atramentum et minores litterae.

s. II 7, 28 prorsus alia manus incipit, et tres versus (25—27) repetiti sunt. Hoc autem supplementum non ex originario libro sumptum est; nam s. II 7, 27 a habet *Nequicquam*, supplementum *Nequiquam*. Etiam supplementum admodum bonum est: s. II 7, 80 solum archetypi lectionem *conseruos* seruauit. Codex a Avenione emptus est, non e pontificia bibliotheca oriundus. Secretarii de Olgiato (circa a. 1603) manu adnotatum est: '*Hunc codicem notis adspersum Auenione uehendum curauimus.*'

In orthographicis rebus melioribus testibus adscribendus est:
proteruos a1 (epod. 16, 22) cum R1
neclectus c. III 2, 30 a1 π1 cons. A
c. III 9, 9 *thraessa* cum B.
Adde: *epistula* epist. II 2, 22: a R π
umeri a. p. 40 a R δ
posquam epist. I 10, 37 a

>   *ingeni* c. II 18, 9 a1 Pph.1
>   *dest* epist. I 12, 24 a pr. R cons. πι
>   *uiunt* serm. II 6, 94 a
>   *tigris* (acc.) epod. 16, 31 a1 π pr.
>   *agyieu* a π Pph. c. IIII 6, 28.

Recte seruata sunt etiam
>   *nirea* a ut uid. R epod. 15, 22
>   *sermones* a R1 τ c. III 8, 5.

Si eximuntur c. II 5 — epod. 15, 17, ubi cum A consentit, ita ut A formari possit, a ad primum ordinem pertinet. Quin etiam inter praestantissimos Ī ordinis auctores est (cum γM) in epistularum libro II, ubi A deest (uid. discr. classium). Artior in serm. I adfinitas est inter a et γ cf. s. I 5, 39 *proxima* pro *postera* aγ (neglegentis scribae culpa) et s. II 6, 11 *tresauro* aγ (uulgari sermone).

Si uniuersum spectas, et bonitate et constantia codex a excellit, sed, ut supra diximus, ab exemplo originem ducit, quod inde a c. II 5 usque ad epod. 15, 17 secundi ordinis erat. Quamquam etiam in hac carminum parte aliquot locis, ubi a et A tamquam diuersi abeunt, a cum primo ordine facit.

Alterius manus correcturis a haud multum infectus est; ceterum a2 ubique nihili pendimus, sic c. II 18, 9 *ingeni* (a1) in *ingenii,* c. III 2, 30 *neclectus* (a1) altera manu in *neglectus* mutatur. s. I 2, 70 audacissimam mutationem 'in usum Delphini' factam deprendimus: *Magno prognatum deposco consule cunnum* habuerat a1; a2 scribit: *Magno prognatā deposco patre puellam.*

A', A in epistulis.

Codex A, per magnam Horati partem cum a artissime conexus, in carminibus, epodis, carmine saeculari ad II ordinem pertinet. Praeterea epistularum librum I continet, ubi inter optimos primae classis testes est et cum a ita consentit, ut semper A' construi possit,
>   cf. epist. I 7, 82 archetypus *ambagibus,* A' *ambigibus,* Rπ'r *ambiguus.*
>   epist. I 14, 39 *glaebas* bene A1 (R1 non liquet);
>   epist. I 15, 4 *perriuor* A'R1π1 pro *perluor* ex *perluor;*
>   epist. I 15, 10 *deuersoria* bene A'R Pph.;
>   epist. I 15, 42 *paruola* A (R1 non liquet);
>   epist. I 16, 9 *si*] omis. A'γR;
>   epist. I 17, 8 *terentinum* pro *ferentinum* A'γr (non MR): T pro F, ergo ex scriptura q. u. capitali explicandum;
>   epist. I 18, 85 *nec lecta* A1 (alibi *c* non seruatur);
>   epist. I 18, 90 *nauum*] falso *manuum* A1R1r;
>   epist. I 19, 20 AR *locum* pro *iocum* (E habet *Iocum*);

epist. I 20, 12 *coperis* pro *coeperis* A′R;
epist. I 20, 27 *inpleuisse* A;
epist. I 20, 28 recte ni fallor *conlegam* A′RM1.

Inde et quam bonus sit codex et quam adfinis codici R, facile cognoscere licet.

De iis A′ et A partibus, quae ad secundum ordinem pertinent, infra disputabimus, ubi de secundo ordine disserendum erit.

ν

Primi ordinis etiam codex ν in carminibus est, in ceteris Horati partibus partim constanter cum tertio ordine facit (epist. II 2, 66 — extr.), partim inter primum et tertium ordinem (a. p., epod. serm., epist. lib. I) fluctuat.

Nienburgensis, nunc Dessauiensis, membr., 103 fol. 0,295 × 0,222 m., 23 lin. in singulis paginis, '*Liber beate Marie virginis sanctique Cipriani episcopi et m̄r̄s̄ in .nygeburge*', saec. $\overline{X}$ in., unus ex antiquissimis Horati codicibus. Sicut γ etiam ν additis scholiis Γ marginalibus excellit. Etiam nonnullae glossae Theotiscae insunt: *diota*] *Chůofa. siue Chrůoc*. *piscator*] *uissare*. Perquam mancus est; deficiunt enim

    c. I 13, 19 — II 9, 16 = 16 fol.
    c. III 2, 29 — 4, 15 = 2 fol.
    c. III 5, 27 — 7, 12 = 2 fol.
    c. III 9, 4 — 15, 2 = 3 fol.
    c. III 19, 3 — IIII 15, tit. = 19 folia.
    a. p. 104 — 195 = 2 folia.
    a. p. 472 — 476. epod. 1, 1 — 2, 50 = 2 folia.
    epod. 5, 71 — 17, 27 = 8 folia.
    epist. I 19, 49 — II 2, 65 = 8 folia.
    serm. II 5, 45 — 90 = 1 folium.
    s. II 6, 26 — 117 = 2 folia.
    s. II 7, 46 — 91 = 1 folium.
    s. II 8, 65 — 95 = 31 uersus.

In summa desunt 66 folia et 31 uersus.

Propter adfinitatem cum R magni momenti est locus epod. 3, 8:
    tractauit archetypus
    tractabit R1
    tractabat ν et R2.

Bonam emendationem habemus s. I 5, 67: *nilo deterius* ν pro *nihilo d.* archetypi. Prorsus superuacua sunt epist. I 3, 29 *cupimus* pro *uolumus* et serm. I 4, 108 *pararet* pro *parasset*, admodum peruersum s. II 4, 71 *illis* pro *ollis* ν1.

Recte scripta sunt s. II 2, 41 *opsonia* (ν solus) et s. II 2, 98 *derit* (soli ν1g). c. III 6, 22 duo folia excisa sunt 'in usum Delphini'.

PRAEFATIO.

c

Primae classis est etiam codex c = Valentianensis in a. p. et c. s. Quamobrem hoc loco de eo disputare placet.

c = codex Valentianensis I.

Valentianenses (Valenciennes) sunt duo: nr. 390 (nunc 408) et nr. 391 (nunc 409), ille saec. X—XI, Valentianensis II saec. XII—XIII. Vterque scriptus est in monasterio sancti Amandi. Codex 390 (uel 408) exemplar est, 391 (uel 409) apographum, itaque solus Val. I pretium habet.

Cod. c est 85 foliorum 0,293 × 0,185 m.; 16 folia binarum columnarum sunt, versuum 35—50. Continet carmina, a. p., epod., c. s., epist., sermones. Quod ad rem orthographicam attinet, non sine pretio est. Sic s. I 4, 79 genuinum *prauŏs* exhibet cum R2, serm. I 10, 87 *compluris* cum R1. Notandum est hic illic c cum cod. q congruere: epist. I 18, 91 uersum medio aeuo interpolatum cum σ Petropol. q habet; epist. I 20, 7 *ubi quis* (cvq) uariam lectionem medio aeuo, ni fallimur, excogitatam, pro archetypi *ubi quid*. Cod. c fluxit e libro, qui inter III et I ordinem fluctuabat, ab initio uero III ordinis fuerat; huius enim ordinis peculiares lectiones plurimas habet, etiam prosodiae maxime repugnantes. Quae sunt II ordinis in carminibus et epodis, Mauortianam recensionem sapiunt (λ'σxg), item in serm. cum σxg, in epistulis cum σxgE faciunt; omnino etiam plurimae peculiarium cod. c lectionum partim in g, partim in σ uel x inueniuntur, ita ut inter σ' (σx) et c nec non inter g et c maximus consensus sit. Cum c. s. et a. p. in codice c communem indolem prae se ferant et primi ordinis sint (uid. discript. classium) et cum sermones quoque omnes seruati sint, sumendum est unum e codicis c ut ita dicam maioribus Horati opera ea serie conlocata exhibuisse, ut a. p. et c. s. continuo se exciperent, sicut uidemus in B'σ'G (cl. II): c., epod., c. s., a. p., serm., epist.

His ordinis I codicibus adiungi possunt multi libri, qui per totum Horatium mixtas ex I et III ordine lectiones praebent, nec tamen ita, ut per longius spatium constanter aut primo aut tertio ordini adhaereant. Eius modi libris adnumeraremus etiam *v*, si in epodis tantummodo et sermonibus et epist. I seruatus esset. Inter hos codices, quorum nonnulli miram inter se adfinitatem ostendunt, eminent aliquot familiae Rπ libri principales (RLr), quorum auctor certe non recentioris aetatis est quam ullus alterius familiae auctor. Sed de hac familia, cum potius ad III quam ad I classem pertineat, in enumerandis III ordinis codicibus disseremus. Etiam nonnulli alii codices inter I et III ordinem fluctuantes, ut Taurinensis, infra tractabuntur.

Ordo II.

Hic ordo difficillimus est intellectu, quoniam ne unum quidem codicem primarium habemus, qui totum Horatium continet, sed paucissimis iisque mancis libris primariis niti nos necesse est, id quod ex hoc schemate plane elucebit:

Schema classis secundae

	c. I 1—II 5	c. II 5—III 27	c. III 27—III 8	c. III 8—III 14	c. III 14.16	epod. 16.17	carm. saec.
Testes primarii	A, B†, l'opp.F	A', B†, l'opp.F	A', B†, C, l'opp.F	A', B†, l'opp.F	A', B†, l'opp.F	A, B†, C, l'opp.F	A, B†, l'opp.F
	serm. I 1—4 in.	s. I 4 med.	s. I 4,122—6,40	s. I 6,41—7,117	s. I 7,118—II 2,131	s. II 2,132—II 8 fin.	epist.	a. p. 1—440	a. p. 441 extr.
Testes primarii	B†								
Testes secundarii			C	C	C	C	E	B'	
Testes subsidiarii			g(V)δ'u'm	g(V)δ'u'm	cGiμj	g(V)δ'v m	(V)σ'u'm		

ogmGiuvσxμ

B† significat codicem B non ea omnia, quae Hor. scripsit, continere, sed eorum tantummodo partes.

B

Summae antiquitatis et auctoritatis est codex B = Bernensis 363, olim Bongarsianus, membranaceus, 0,236 ✕ 0,186 m., inter annos 850 et 870 litteris Scotticis exaratus. Aliorum tribus collationibus nimis confisi ipsi hunc codicem conferre supersedimus, nisi quod, cum per Heluetiam iter facerem, paucos locos dubios Bernae ipse inspexi, quo factum est, ut, quod nunc quidem ex phototypica imagine apparet, compluribus locis lectiones parum recte redderentur. Itaque quamquam propemodum omnia, quae indiligentius relata erant, adeo leuia sunt, ut ad contextum restituendum ne minimi quidem momenti sint, tamen, nequis legentium dubitet, quid quoque loco in codice B reuera traditum sit, quaecumque huius generis repperimus, ea in huius editionis p. 440 sqq. scrupulosissime contulimus.

Codex B olim Iacobi Bongarsii fuerat, uiri per multos annos in rebus quas dicunt diplomaticis adhibiti, nati Aureliani a. 1554, † Parisiis 1612. Floriaco ad Ligerim sito ortum esse librum B nos quoque in priore editione diximus, sed auctores nostri falsi erant.

Insunt glossae Hibernicae, de quibus uide Whitley Stokes in libro, cui titulus praemittitur: Goidilica, notes on the Gaelic mss. in Turin, Milano, Berne, Leyden, Calcuttae a. 1866 uolgato et H. Hagen, praefat. cod. Bern. 363 p. XLI sq. et 'antike und mittelalterliche Räthselpoesie' p. 47 sq.

Fol. 186^r iuxta s. I 2, 124 *(Nec magis alba uelit, quam dat natura, uideri)* adscriptum est: 'regina angelberga', quam aequalem fuisse scribentis et cerussa malas obleuisse comperimus. Angelberga fuit uxor Hludouici $\overline{\text{II}}$ Langobardorum regis, qui a. 855 imperator factus est. Nupsit ei a. 856, uita defuncta est c. a. 890.

Fol. 194^v inuenitur carmen ad Tadonem archiepiscopum Mediolanensem pertinens (a. 861—869). Codex B creditur in Langobardia scriptus esse et archetypus B', ex quo B et C fluxerunt, Bobii fuisse. Sed in uetere Bobiensi catalogo saec. $\overline{\text{X}}$ apud Muratorium, antiquit. Ital. III p. 817—824 Horatius non inuenitur. Ergo si illam coniecturam non repudiamus, B' aut iam tum perierat aut, quia non uniuersum Horatium, sed partes complexus esse uidetur, non Horati nomine is liber in catalogis appellabatur. Nec magis in catalogo Bobiensi a. 1461 scripto (apud A. Peyron, Ciceronis et aliorum fragm. inedit. p. 1—68) Horati mentio fit.

Vniuersus codex et optime depictus et uberrime descriptus est in libro, cui inscribitur: 'codices Graeci et Latini photographice depicti duce Scatone de Vries bibliothecae uniuersitatis Leidensis praefecto, tom. $\overline{\text{II}}$. Codex Bernensis 363, Augustini de dialectica et rhetorica libros, Bedae historiae ecclesiasticae librum I, Horatii carmina, Ouidii metamorphoseon fragmenta, Seruii et aliorum opera grammatica, cet. continens, Lugduni Bat. A. W. Sijthoff 1897'. Etiam cum titulo: 'Augustinus, Beda, Horatius, Ouidius, Seruius, alii. Codex Bernensis 363 phototypice editus. Praefatus est Hermannus Hagen Bernensis'. Adde quod particularum codicis imagines inueniuntur apud Chatelain I tab. LXXVI = fol. 167ʳ: uita, c. I 1, 1. fol. 168ᵛ = c. I 22, 9—24. 32, 1—16. 38, 1—8. II 2, 1—27. 4, 1—14. tab. LXXVII = fol. 178ʳ = c. II 20. III 1, 1—48. 2, 1—4. 13—16. 4, 1—16. 21—38. 53—80. fol. 182ᵛ = epod. 17, 30—52. a. p. 1—63. Antea etiam (lithograph.) apud C. Kirchnerum, nou. quaest. Horat. Lips. 1847, tab. 1 nr. 1 = B carm. I 31, 1—6. Verbis descripserunt codicem A. Reuter in Herm. 1889 p. 161—167 et H. Hagen, catalog. codd. Bern. 1875 nr. 363 et l. l. in praefatione ectypi. Horatiana extant in fol. 167ʳ—186ᵛ. In nonnullis paginis ternae columnae iuxta positae sunt. Versuum numerus est 32—55. Valde mancus est et ordine confuso. Insunt uita Pseudacroniana, carminum et epodon partes, carmen saeculare, a. p. 1—440 et prioris sermonum libri initium. Carmina tantum abest ut completa sint, ut duodecim tota, uiginti unius partes desint; alia rursus bis inueniuntur. Scriptor id potissimum egit, ut uaria Horati metra ante oculos poneret. Singulae partes accurate enumerantur apud Hagenum, cod. Bern. 363, praefat. p. II.

Codex B parum diligenter exaratus est multisque mendis scatet; nec conlato alio codice correctum nec omnino a scribente retractatum esse apparet; itaque non mirum quod perquam absurdi errores remanserunt, ut epod. 1, 28 *piscula* pro *pascua;* epod. 2, 13 *amputantes* pro *amputans;* epod. 2, 27 *mantibus* pro *manantibus;* epod. 6, 5 *molosos* pro *molossus;* epod. 14, 13 *do quod non;* a. p. 209 *implecti* pro *amplecti;* c. s. 21 *certe sunt denos* pro *certos undenos;* s. I 2, 70 *cognatum* pro *prognatum;* serm. I 2, 55 *mars sacuus* pro *marsacus;* epod. 8, 18 uersus praetermissus est, item c. III 6, 15—48, nec postea quidem additi. B ordinis secundi purissimus testis est, uid. discript. classium.

Artissime cum B coniunctus est C (saec. XI ineuntis); per longa spatia tam constanter cum B consentit, ut archetypus liber B′ construi possit, id quod in discr. class. de carminibus III 27, 10 sqq. usque ad epodos extr. et de carmine saeculari et de arte poetica demonstratum est.

Inprimis digna sunt quae notentur haec menda communia: c. III 27, 34 *ore lectū* B′ (= BC) pro *o relictum.*

    a. p.   5 *missi* pro *admissi* B′
    a. p. 79 *archilocum* B′
    a. p. 234 *nomine* pro *nomina* B′
    a. p. 238 *coricalcho* pro *orichalco* B′
    a. p. 279 *pulputa* B′
    a. p. 288 *togatis* pro *togatas* B′

PRAEFATIO.   XXI

a. p. 377 *animus* pro *animis* B′
a. p. 378 *pergit* pro *uergit* B′
a. p. 416 *et* pro *est* B′
a. p. 420 *ad lucrum iubet* B′ pro *iubet ad lucrum*

et in proximis uersibus *agri* pro *agris* B′ et *iunctum* pro *unctum* B′ etc.

Memorabiles uidentur ipsius auctoris B′ aliquot emendationes, quales sunt *procedit* c. IIII 2, 49 pro *procedis*, certo ex industria facta, sed falsa emendatio; c. IIII 7, 17 *qui scis* B′ pro *quis scit*, quae correctio ut consulto facta est, ita metricae rationi repugnat; epod. 2, 29 *annus hiberni iouis* pro *annus hibernus iouis* B′ (BCpr.).

Minime necessarium est a. p. 103 *tum* pro *tunc* B′.

Praue a. p. 298 scribit B′ *barbas*.

Accedunt mutationes grammaticae, quarum pars uerisimiliter, pars certo falsa est ut, ni fallor, *iccirco* a. p. 265 B′
et *ircum* a. p. 220 B′.

Nec scio an *manet* B (deficit C) pro *manent* c. I 13, 6 ad B′ referendum sit. Item mirae illae lectiones singulares *malorum* pro *bonorum* s. I 1, 79
et *fugimus* pro *cupimus* s. I 3, 56
sine dubio a B′ originem ducunt.

Postquam uersus s. I 1, 78 excidit, ut sententiae hiatus quodam modo expleretur, pro *bonorum malorum* scribendum erat, nec minus, cum ante s. I 3, 56 quattuor uersus in illo libro originario (B″), unde B′(BC) fluxit, excidissent, *fugimus* pro *cupimus* inculcandum erat.

Item in B″ (archetypo codicis B′) extremi artis poeticae uersus exciderant, quare in B et C desunt.

a. p. 277 *atris* pro *ora* B′ ita explicare licet, ut singulas litteras et ante *r* et post *r* euanuisse statuamus.

Haud paucas bonae indolis formas in codice B′ seruatas uidemus:

c. III 27, 15 *laeuos* B′
epod. 1, 32 *haut* B′
a. p. 206 *paruos* B′
a. p. 225 *dicacis* B′
a. p. 248 *equos* B′.

Quo accedit a. p. 237 *daus* B′ (B pr. et C).

Haud raro etiam B solus bonam formam ueterem seruauit, cum C ad locum deficiat aut posteriorem medii aeui formam exhibeat. Deficiente C:

c. I 2, 35 *neclectum*,
c. I 12, 57 *aequŏs* (pro quo perperam scriptum est *equŏs*),
c. I 18, 12 *opposita* ex *opsita* = *obsita*,
c. II 3, 18 *flauos*,
c. III 7, 18 *apstinens*,

c. IIII 7, 27 *lethaea*,
s. I 1, 51. 59. 2, 37. 132 in B (deficiente C) seruatum est
(*e*)*st* cum apocope, semel, s. I 1, 51, praue transcrip-
tum in *rt*.
Notandum quoque *dedicit* a. p. 415 B *(dicit* C₁) et
ircum s. I 2, 27 B (deficiente C) a. p. 220 B′.
Aduersante C codex B solus seruauit (*e*)*st* apocopen passum
a. p. 264. 304. 353. 386. 409 et *deciens* a. p. 365.
Quae omnes lectiones quin in B′ scriptae fuerint, non est
quod dubitemus.
Interdum in solum B grammaticorum nugae intrusae uidentur, ut
cypressus pro *cupressus* c. IIII 6, 10 B (aduersante C);
nauim c. I 32, 8 B (defic. C);
similare a. p. 20 B (adu. C);
percuncteris s. I 2, 7 B (defic. C);
c. II 14, 1 *posthume* B (defic. C);
s. I 2, 64 *sullae* B (defic. C).

Sed hae omnes uariae lectiones, ubi deficit C, sine dubio
ex ipso B′ manarunt, nisi quod *similare* et *cypressus* ab ipso librario
codicis B esse uidentur inuenta.

B ex parte dictatum esse inde efficitur, quod passim *f* posita
est pro *ph*: *lym$\overset{ph}{f}$atam* c. I 37, 14, *zefyris* c. IIII 7, 9.
Adde: *bina* pro *uina* c. IIII 12, 16.
traualis pro *trabalis* c. I 35, 18.
ploralis pro *ploraris* c. III 10, 4.

Verum etiam legentium menda reperiuntur: *si* pro *n* ($\Omega = n$)
c. I 16, 5.
f pro *e* (*F* pro *E*) *faciet* pro *eaci* (= *aeaci*) c. III 19, 3.
c pro *e* (*C* pro *E*) *uictis* pro *uietis* epod. 12, 7 (opp. cod. C).
telas pro *celas* (τ pro C) c. s. 10 (opp. cod. C).
s pro *f* (*ſ* pro *f*) s. I 1, 2 *sors* pro *fors*
et s. I 1, 51 *sua uertex* pro *suauest ex* (defic. cod. C).

Admodum memorabilis est iterata litterarum *u* (= *v*) et *p*
inter se commutatio quam Alfredus Holder inde explicabat, quod
Anglosaxonica runa Ƿ = wȳn cum *p* esset permutata.
c. IIII 2, 27 *auis* pro *apis* A′B′,
c. III 27, 15 *petet* pro *uetet* B′,
a. p. 378 *pergit* pro *uergit* B′.

Censet hoc ad Anglosaxonicum quendam fontem codicis B′
referendum eumque codicem B″ Cantuariorum (Canterbury) fortasse
fuisse, uid. Epileg. ad a. p. 378.

B′ quidem et B non Anglosaxonicis, sed Scotticis characteribus exarati sunt, de quorum proprietatibus adi sis editionem
phototypicam. Notabilis inter alia est circumflexus in compluribus
uocalibus longis positus: hîc, môs, ô; codicum B′ et B librarios

non cultioris ingenii fuisse multis locis uerborum uel syllabarum diuisione docemur peruersissima.

B' et A, et B' et R mirum quantum inter se cohaerent; in a. p. etiam B et V. Sed ante omnia codex C describendus est, quippe quod ex B et C B' formari potest. De nexu codicum B' et R in tractando ordine $\overline{\text{III}}$, ubi de codice R sermo erit, agemus, de nexu codicum A et B in describendo A (ord. $\overline{\text{II}}$).

C

C cod. Ratisbonensis sancti Emmerammi, nunc Monacensis Lat. 14685, conligatus cum codice E, quem supplementi causa aliquis conscripsit. Cum enim codex C deperditis duobus quaternionibus inciperet a c. III 26, 13, duo noui quaterniones exarati sunt, sed adhibito primi ordinis quodam exemplari (E'); sic carmina integra reddita sunt. Hi primi duo quaterniones, — E carm., fol. 64 signo ·II· notati sunt; fol. 71ʳ, ubi C incipit, nota ·III· inuenitur.

Praeterea C extat a. p. 1—440 et serm. I 4, 122—6, 40. II 7, 118—8, 95. C pallidiore atramento et litteris simillimis quidem, sed maioribus, quam E, exaratus est; in unaquaque pagina 40 tantum uersus in singulis binarum columnarum sunt, cum E uersus habeat 42—43. C etiam eo ab E differt, quod multo plures alterius manus coniecturae et glossae insunt. C2 deterrima est, cf. *pellax* pro *paelex* c. III 27, 66.

Si ordinum indolem spectas, C plerumque secundi ordinis est, artissime conexus cum B, in sermonibus cum g; tamquam frater uel filius ignoti filii codicis B dici potest.

Noli C ex B descriptum putare, id quod cum aliis tum uaria lectione *leuis* C *leues* B epod. 2, 28 plane efficitur. Codicem B patrem codicis C esse numquam dixi (cf. W. Christ, Horatian. p. 97), uerum codicem C originem traxisse ex B'.

B' uetustissimum et optimum esse modo demonstrauimus. Sed C solus quoque nonnumquam magni pretii est, praesertim ubi B deficit. Solus unice ueras formas seruauit

- c. IIII 2, 25 *cycnum* C cum B superscr.;
- c. IIII 3, 20 *cycni* (B def.);
- c. IIII 6, 22 *diuom*;
- s. I 4, 138 *oti* (deficiente B);
- s. I 5, 101 *aeuom* (nescio an etiam R1);
- s. I 6, 25. 28 *clauom* (B def.);
- a. p. 67 *iniquom* C, omis. B — ergo in B' minus clarum factum deleta littera *o*;
- a. p. 84 *equom*;
- a. p. 102 *uoltus*;
- a. p. 106 *uoltum*;
- a. p. 327 *remotast*.

Non ad Horatium referendae sunt formae obsoletae *sequontur* a. p. 311 (*sequentur* archetypus) aut *motare* pro *mutare* (passim, ut epod. 1, 28), aut *rutundo* a. p. 323; nec magis, ni fallimur, *formonsus* s. I 6, 31 aut *dedici* a. p. 418. Interdum etiam inferioris aetatis menda inrepserunt, ut epod. 2, 50 *scauri* pro *scari*, epod. 3, 21 *suauio* pro *sauio*. Posterioris quam AB aeui speciem prae se fert C epod. 14, 10: ex $\overline{N}$ *acreonta* nil remansit nisi *acreonta*, lineola super N scripta pro delendi signo accepta. Exceptis uetustis illis formis iisque locis ubi ad supplendum B adhiberi potest, C solus parum idoneus est ad constituendum contextum. Verborum transmutationes s. I 6, 13 *regno pulsus* (Cg) et s. II 8, 70 *pueri recte* (CgmL) a B' repetendae sunt. Codicis C exemplar similiter ac B scriptum fuisse oportet. Non semel C *d* scribit pro *cl*: epod. 17, 24. s. I 5, 47.

E

Sequitur ut de E dicendum sit, qui in epistulis secundi ordinis partes suscipit et deficientes codices BC = B' quodam modo supplet. Egσ2 recte conlocant *qui recte uiuendi* epist. I 2, 41; nec minus Eg soli uerum uersuum ordinem epist. I 1, 57. 58 seruauerunt. Nescio an primi et tertii ordinis qui dicuntur parentes traiectionis signa aut temere aut consulto neglexerint. Ad unciale quod uocant exemplar referendum est mendum *coihi* pro *mihi* (ᴍιhι) epist. I 17, 49. Bonarum lectionum raro seruatarum E testis est:

contracta, non *contacta*, epist. II 2, 80.
lacuum, non *sacuum*, epist. I 6, 50.
laedit, non *laedet*, epist. I 17, 8.

Plurimi etiam *an* pro *et* epist. I 16, 3 (Egcmx) uerum esse contendunt.

Bonam scribendi rationem E habet:

utilis epist. II 1, 38 (E1Rπ).
artis (E1) epist. II 1, 13.
piscis (E solus) epist. I 15, 23.
partis (E Pph.) epist. II 1, 171.
tuom (E1) epist. II 1, 16.
corinthos (?) epist. II 1, 193 E Pph.

Prauae sunt lectiones

sapientis pro *patientis* epist. I 7, 40.
clusinos epist. I 15, 9.
cupias epist. I 16, 30.
mendicum epist. I 16, 40.
ferunt epist. I 17, 44.
cena pro *lingua* epist. I 19, 15.

Nec magis Horatianum est

accerse pro *arcesse* (Evq) epist. I 5, 6.

Falsae sine dubio sunt hae lectiones cum V communes:

dulcis pro *iugis* epist. I 15, 16
et: *in scriptis* pro *inscite* epist. II 1, 167.
Pessimi sunt lusus correctoris E2: epist. I 10, 13 *domui* pro *domo*,
γλώσσημα ex gloss. Γ petitum,
epist. I 19, 15 *hiarbitam* E2 pro *iarbitam* (E1).

Pph.

Etiam λήμματα Porphyrioniana, praesertim optimorum codicum
U(rsiniani) et M, magnam partem secundi ordinis sunt; cf. infra
p. LXXIX ubi de Porph. auctoritate disputabitur.

Mauortiani.

Porro ad hunc ordinem pertinet idemque libro B potissimum
adfinis est codex A Mauortianus. Mauortiani codices sunt A λ′g q Taurinensis Bruxellensis Reginensis et uerisimiliter σ′. Mauortianos
appellamus codices qui aut habent subscriptionem Mauortii aut uidentur habuisse. Vid. huius uoluminis p. 335 sq. et Epileg. p. 785 sqq.
Complures subscriptionis imagines habes apud Chatelain (codicum
λ1q Brux. Taurin.). Vettius igitur Agorius Mauortius una cum
Felice urbis Romae oratore post a. 527 (nam tum Mauortius consul
fuit) Horatium recensuit et emendauit, eadem ratione usus quam in
Prudentio edendo adhibuerat. Erat Mauortius uir optimis artibus
excultus et antiquorum poetarum amore captus; scribarum menda
correxisse et per totum Horatium distinguendi rationem siue interpunctionem induxisse putandus est; eundem hic illic siue suas siue
Felicis emendationes ut uarias lectiones adscripsisse uerisimile est,
quae ex parte in textum receptae singularem secundum ordinem
formauerunt, quem Mauortianum nominare licet; nam codices primarii A λ1, etiam g, Mauortiana subscriptione insigniti sunt. Vehementer dolendum est, quod ne unum quidem codicem habemus
Mauortianas lectiones certo et constanter exhibentem, quae nisi in
epodis atque quarto carminum libro satis explorari et plene erui
nequeunt, cum extra hanc Horati partem res plerumque sit in
suspenso. Si serm. I 3, 96 codices Brux. et Regin. noui sermonis initium faciunt, eius rei Mauortium auctorem fuisse uerisimile est; nec minus interpunctio ante *noster* s. II 6, 48 in λ′σ′
(et E) ab illius uiri recensione uidetur originem duxisse. Etiam
manibus pro *demens* s. II 3, 303 (II cl.) et *praesectum* pro *perfectum* a. p. 294 (II cl.) Mauortii ingenio tribuere uix dubitabimus.
Liceat hic afferre aliquod exemplum interpunctionis Mauortianae,
carmen III 10, sumptum ex codice l: simplici puncto idem significatur, quod nostro commate; pro nostro puncto Mauortius ponere
solet quod nos semicolon dicimus.

>   *Extremum Tanain si biberis Lice*
>   *Saeuo nupta uiro; me tamen asperas*
>   *Porrectum ante fores. obicere incolis*

Plorares Aquilonibus;
Audis quo strepitu ianua. quo nemus
Inter pulchra satum tecta remugiat
Ventis. et positas ut glaciet niues
Puro numine Iuppiter? (— ?)
Ingratam Veneri pone superbiam
Ne currente retro funis eat rota;
Non te Penelopen difficilem procis.
Thyrrenus genuit parens;
O quamuis neque te munera. nec preces.
Nec tinctus uiola pallor amantium.
Nec uir Pieria paelice saucius
Curuat. supplicibus tuis
Parcas. nec rigida mollior aesculo
Nec Mauris animo mitior anguibus.,
Non hoc semper erit liminis. aut aquae
Caelestis patiens latus;

Ex hoc exemplo facile intelligitur, et quam accurata Mauortii interpunctio fuerit et quanta nobis eam fide librarii tradiderint. In Mauortianorum igitur codicum numero sunt propter subscriptionem codd. A λ'gq Taurin. Brux. Regin., non Phillippsianus ille nunc Cheltenhami adseruatus, in quo subscriptio tantum inserta est in folio interpolato: hic enim ordinis III et stirpis Rπ est ibique de eo agetur. Ceterum huic seriei nescio an addendus sit codex σ'.

A

Mauortianorum codicum unus igitur est A qui ut in epistulis primum ordinem sectatur, ita in carminibus, epodis, c. s. secundo ordini adnumerandus est, quod quidem ex ipso ordine librorum patet, qui cum B'σ'Ggj et Porphyrione conuenit. Epod. 11, 16 librum archetypum A λ' uncialibus litteris scriptum fuisse docemur; ex Ʋ enim factum est U, ex *uentis uenus*. Codex a inde a c. II 5, 16 usque ad epod. 16, 8 codici A secundoque ordini tam arte se adiungit, ut A' strui possit (uid. discr. classium), secundi ordinis septimique, ni fallor, saeculi liber.

Bonae lectiones in A inueniuntur haud paucae, ut *fuluos* c. IIII 2, 60. *equos* c. IIII 3, 4. *penatis* c. II 4, 15. III 14, 3. 23, 19. *danuuium* c. IIII 15, 21 (in solis A'R). *umerum* c. III 20, 14. *ferocis* c. III 2, 3. *clientae* c. II 18, 8 (in solis AB). *fugacis* c. IIII 6, 33. *delmatico* c. II 1, 16 (sic A'1, A2 *dalm.*). *aedis* c. III 6, 3 (A'B soli). *hostilis* epod. 5, 53. *acris* epod. 12, 25. *praegnas* c. III 27, 2 (A'BR). *teretis* c. II 4, 21. *dis* c. s. 7. *opsoleti* c. II 10, 6. *omnis* c. II 9, 14 (Agλ'σ).

Verum etiam tales lectiones inrepserunt, quales posteriorem aetatem et uulgarem sermonem sapiunt, ut *ammouis* pro *admoues* c. III 21, 13. *tinget* pro *tinguet* c. III 23, 13. *gnidon* c. III

28, 13. *melphomene* c. III 30, 16. IIII 3, 1. I 24, 3. *feruit* c. IIII 2, 7. *lauat* c. II 3, 18 (A'B). *enipheus* c. III 7, 23. *oscinen* c. III 27, 11. *distinget* c. II 5, 11. *eloquuta* c. III 3, 17. *laumedon* (A'α2) c. III 3, 22. *lingere* c. IIII 12, 23 (A'Bl'gσu). *uulgatas* c. IIII 9, 3. *uulcanus* c. I 4, 8 (Aλ'g). *quindecem* c. s. 70. *uultus* epod. 17, 18. *penitet* epod. 11, 8. *cohercceat* epod. 9, 35. *uiscendus* c. II 14, 17 (A'1).

De quarundam formarum bonitate dubitandum est: *ilethyia* c. s. 14. *oblicum* c. III 27, 6 A'λ'q (R *obliquom*). *dio* c. III 2, 5 (A1Ac). *nausiam* epod. 9, 35 (etiam apud Caes. b. ciu. III 28, 4H.).

Arta inter A et B coniunctio multis locis elucet: c. I 37, 28 *cūbiberet* B *cōmbiberet* A. c. IIII 14 et 15 in AB unum carmen sunt. c. III 29, 8 *iūra* pro *iūga* A'B'. c. IIII 12, 13 *uergili* recte in AB (CR desunt). c. IIII 2, 27 *auis* pro *apis* A'B'; epod. 5, 65 falso *noua* pro *nouam*; epod. 14, 10 A'B: *Non acreonta*. epod. 15, 23 exemplar codicum AB' *Eheu heu* pro *Heu heu* habuerat. epod. 16, 33 *rauos* AB' (plerique codices *flauos*). c. II 12, 22 AB falso *pingues*. c. II 18, 8 AB soli recte *clientae*. c. III 12 in disponendis uersibus consentiunt soli A'B.

In tertia primi carminum libri parte ex primi ordinis codice quodam lectiones uidentur in A' inrepsisse: c. I 19, 11. 20, 5. 21, 13. 14. 26, 3. 28, 15. In epistulis A', ut supra docuimus, totus primo ordini adnumerandus est neque quidquam commune habet cum ordine secundo.

λ

Mauortianorum secundus est codex λ' = λ + l, quatenus non ad III ordinem pertinet. In epodon libro et in carminibus λ' inter III (stirpem F) et II (Mauortianum) ordinem fluctuat, in reliquis Horati scriptis constanter cum III classe facit. λ' est = λ + l; λ = Parisinus 7972, anno fere CM Mediolani scriptus auctore Ludouico Traube mon. Germ. poet. III fasc. 3 p. 754 sq.; olim Mentelianus, idest ex bibliotheca Io. Iacobi Menteljj[1], medici Parisini, a. 1670 in bibliothecam regiam delatus (de Iacques Mentel uid. Corlieu in: annales de la société archéologique de Château-Thierry, année 1872 p. 126).

Est 0,299 × 0,212 m., foliorum 145, 27 uersuum in singulis paginis. Horatium totum continet, sed inde a s. II 1, 1 alia manu et binis columnis exaratum. Specimen uide apud Chatelain I tab. LXXIX = fol. 83ᵛ = epod. 17, 67 — c. s. 6.

Insunt: uita Horatiana (*Q. Horatius flaccus uenusinus patre* q. s.), carm., a. p., epod., c. s., epist., serm.

Inter epod. et c. s. fol. 83ᵛ subscriptio Mauortiana (uid. Chatelain l. l.). Inter c. s. et epist. sunt duo folia continentia carmina de monacho, de asino ad episcopum ducto, de auro, de capra, quae

---

1) Sic scriptum in cod.

edidit A. Holder, neues Archiv f. ält. deutsche Geschichte I (1876) 414—416. Etiam epitaphia in Hludonicum II († 875) et Arnaldum 'sacerdotem' ex monasterio s. Ambrosii Mediolanensi.

In carminibus, a. p., epod., c. s. glossae F*λ* adscriptae sunt. Sermones et epistulae glossas non habent. Codex ante a. 1812 nouam ligaturam induit. Inde a s. II 1, ubi nouus quaternio incipit, folia non sunt codicis originalis, sed alterius, qui codici l non tam arte adfinis erat.

λ et *l* plurimis locis mirum quantum ad uerbum consentiunt, Mauortianamque subscriptionem uterque exhibet.

λ' in carminibus et epodis artissima cognatione cum A siue A' iunctus est, et ii ipsi loci, quibus *λ'* cum A et saepe etiam cum g et σ (uel q) consentit, maximi momenti sunt, quia certo pro Mauortianis lectionibus haberi possunt, ut:

c. III 3, 8 *impauidum*, non *inpauidum* A*λ'*g, ergo Mauort.
c. III 5, 51 *propinquos* A*λ'*g, ergo Mauort.
c. III 12, 11 *et* omis. A*λ'*q, ergo Mauort.
c. IIII 8, 31 A*λ'*g *duxit*.
c. IIII 9, 35 *que* omis. A*λ'*gσ: quod quidem illius codicis mendum uidetur fuisse, quo potissimum Mauortianae lectiones nobis traditae sunt; propter rem metricam tolerari nequit. Eiusdem generis est epod. 5, 20 uerborum collocatio *strĭgĭs nŏctŭrnaē* pro *nŏctŭrnaē strĭgĭs* (A*λ'*σ); item epod 11, 16 *uĕnŭs* A*λ* pro *uĕntis*.

λ compositus uidetur ex altero codice II et altero III ordinis. *λ* ipse refert a. p. 305 et 371 'at liber' . . . codicem fortasse B' uel alium II ordinis librum respiciens, fortasse archetypum codicis A qui ad a. p. deperditus est, cf., si libet, addenda ex cod. B ad c. III 1 tit. (p. 441). Nonnullae II ordinis lectiones in solo *λ*, non in l seruatae sunt; ergo lectiones II ordinis in *λ'* tantummodo adscriptas, non in textum receptas fuisse apparet; ut: c. I 7, 25 *parente* Fl,

c. II 13, 8 *colchica* pro *colcha* Fl,
c. III 7, 20 *mouet* pro *monet* Fl,
s. II 2, 13 *cedentem mera* pro *cedentem aera* Fl,
s. II 2, 59 *olet* pro *olei* Fl et multae aliae.

λ et l ex eodem codice (*λ'*) descripti sunt, non *λ* ex l aut l ex *λ*[1]). *λ* non ex l descriptus est, nam s. I 9, 54 *proximus* l, *proxumus* recte *λ*l; l non ex *λ* descriptus est, quia l codicem *λ* aetate superat, et uid. s. II 5, 88, ubi l pro *institerat* archetypi scribit *intiterat*, *λ* nil nisi *titerat*. *λ* quam accuratissime e *λ'* descriptus est; epist. I 11, 13 *λ* habet *fŭrnos*. Hic y sensu plane caret; in φ autem signum est scholii marginalis; unde profecto codices φ*λ* uel F*λ'* ex uno eodemque libro eadem scholia exhibente fluxisse elucet.

λ solus quamquam etiam aduersante codice l interdum ueram II

---

[1]) tit. epod. 16: ALTERNA recte; AT TERNA *λ* ALTNO l.

ordinis lectionem repraesentat, plerumque nullius pretii est, nec ullam in assimilandis aut dissimilandis ut dicunt litteris fidem habet, cf.: *conpos, impatriam, inpiae, inpios, inperas, inperium, conpedibus, quamdo, quamtus, ridentem, loquentem, quintilium, decenbris;* s. I 10, 24 *commista;* c. I 22, 10 *lalagem et ultra;* c. s. 21 *ut denos* pro *undenos.* Itaque caue in textum introducas *studiossa* c. III 27, 29 et c. II 1, 6 *periculosse.* Etiam lectiones priuae codicis λ' uel eae, quae primum in λ' apparent, omnes reiciendae sunt, ut *profluunt* c. IIII 3, 10. *uirtus nomen* pro *nomen uirtus* s. I 3, 42. *hypolitum* c. IIII 7, 26. s. I 3, 142 *priuatim,* fortasse emendatum ex lectione *priuatum* (u). epist. I 14, 21 *fornis* (uolgari sermone) pro *fornix.* c. III 5, 12 *incolomi.* c. III 27, 54 *succus.* c. IIII 15, 24 *tanaim.* a. p. 397 *puplica.* epist. II 2, 15 *in sculis.* epist. II 2, 152 omnium primus exh. *dii* pro *di.* s. I 4, 108 *parassem.* a. p. 349 *remuttit* pro *remittit.* a. p. 147 *troiae sortitur ab ouo* pro archetypi lectione *troianum orditur ab ouo:* illa est male correcta tertii ordinis lectio *troianum sorditur ab o.* (π). a. p. 223 *incrat et* pro *inlecebris erat et,* pro quo tertius ordo legebat *incelebris erat et.* epist. I 18, 45 *quotiens quoque ducit* pro *quotiensque ducit* tertii ordinis; archetypus *quotiensque educet* exhibuerat. serm. II 3, 317 λ *sufflans sic* praebet, quia ordo III (cum l) pro uero *sufflans sc* habuit *sufflans si,* quod erat prorsus absurdum. Inde patet illum, qui codicem λ' scripsit, ubicumque corruptelam inueniebat, nullo meliore codice altero adhibito infelices suas cogitationes pro ueris Horati lectionibus uenditare non dubitasse et codicis λ quoque librarium (cf. serm. II 3, 317) ad hunc modum textum mutauisse.

Nescio an ipsi Mauortio attribuendae sint hae lectiones λ' propriae: c. IIII 14, 35 *alexandria* (λ'q) pro *alexandrea* archetypi; serm. II 6, 44 *thrux* pro *thraex* (λ'gσ); epod. 3, 3 *allium* (λ'g); epod. 16, 6 *allabrox* pro *allobrox* (λ'σ); epod. 9, 17 *adhuc* (λ'1σ); c. II 3, 28 *cymbae* (λ'g); epist. II 2, 32 *opimis* pro *honestis* (gq1 uar.).

l

Codex l, bibliothecae publicae Leidensis 28 saec. VIIII, membr., codicis λ quasi frater germanus. 133 foliorum (antiquitus 136, quorum nunc tria [fol. 27. 38 et 136] desunt), 0, 315 × 0, 20 — 23 m., in singulis paginis 27 — 33 linearum.

Fuerat ecclesiae cathedralis sancti Petri Bellouacensis. fol. 1ʳ saeculo XIII inscriptum est: *Sci pet belvacensis. Q. XVI.* Beluacum dioceseos Remensis erat, memorandumque est codicem F, arta propinquitate cum l iunctum, Remis oriundum esse. Bentleius cod. l attingit in praefat. Hor. ed. Amstelod. 1728: 'Alterum supparis [codici δ] aetatis in bibl. Leidensi contulerat ὁ κριτικώτατος Nicolaus Heinsius .... uarias lectiones descriptas manu Heinsii, coniecturis quoque eius identidem interpositis, disertissimi uiri Petri Burmanni comitate nactus sum'.

Carmina Horatiana hoc ordine in l se excipiunt: carm., a. p., epod. (cum subscriptione), carmen saeculare, epistulae, sermones.

Pulchre scriptus est ad codicis semuncialis (c. IIII 13, 25 *cornitis* 1 pr. pro *cornicis*) exemplar, ex parte dictatus; id quod probant permutationes litterarum *l* et *r*, *f* et *v*: s. I 3, 130 *f uafer* (linea per *f* ducta ipsius scribentis manu); c. IIII 5, 23 *plole* pro *prole* 1pr.; c. IIII 12, 15 *criens* pro *cliens* 1pr.; c. IIII 14, 14 *plęliū* 1 pr. pro *proelium*. In his partibus etiam assimilatio perperam tractatur: epist. II 1, 265 *impeius*.

Aliis uero partibus codex l descriptus est idque non sine magna cura; uid. *bra chia* c. I 13, 3 = *bracchia*, *nequi quam* c. I 3, 21 et I 15, 13 = *nequicquam*. Altera manus copulandi signa adiunxit.

I longa saepe in uerborum initiis scripta est: c. I 12, 47 *Inter*, c. I 25, 2 *Iuuenes*, c. I 30, 4 *In aedem*, c. IIII 2, 7 *Immensus*. Notabile est *quI* serm. II 1, 45.

Neumas inuenis fol. 111ʳ; scripturae specimen apud Chatelain Ī p. 23 tab. LXXVIII = fol. 77 = epod. 17, 70 — c. s. 13.

Uno loco l solus ueram formam seruauit: epist. I 6, 20 *nauos* ll. Distinctionem diligentissimam esse et uerisimiliter Mauortianam supra ostendimus.

Cum praeter c. II 16, 1 — 19, 4. serm. II 8, 59 — 95 hiatus non sint, codex tantum non integer est.

l in carminibus et epodis inter IĪ et III ordinem fluctuare, in sermonibus, epistulis, arte poetica tertii ordinis esse, codicem l' tractantes iam supra exposuimus.

g

Quartus codex subscriptione Mauortiana insignis est g, solus inter omnes chartaceos Horati codices dignus, quem hic memoremus.

Est bibliothecae ducalis Gothanae cod. chartaceus B 61, 0,21 ×0,14 m., in lyricis uersuum 30—31, in epicis 16 in singulis paginis, post med. saec. XV in Germania meridionali scriptus: inest glossa Theotisca *haspelzug*. g permultas abbreuiationes habet, quales posteriore aeuo adhiberi solebant; inde multa peruersa de quibusdam lectionibus ferebantur, ut g exhibere *puris* pro *pueris*, quo nisus Lucianus Müller temere audacissimas coniecturas in lucem emisit. g fol. 28ʳ — 206ʳ totum paene Horatium continet: desunt c. III 10, 4 — 15, 16 et ars poetica. Contra bis legimus c. IIII 7. Repetitur enim post c. s. fol. 205ᵛ in extremo toto Horatio, alia ac priora manu scriptum. Altera manus carmina lyrica scripsit et inscriptiones epist. I 8 (fol. 92ʳ). 9. 10 (fol. 93ʳ). g igitur compositus est ex duabus partibus, quae a diuersis manibus exaratae sunt; prior continet sermones et epistulas, in posteriore, quattuor uacuis foliis

(f. 143—146) a priore remota, carmina, epod., carmen saeculare insunt. Epodon libro inscribitur: .*V. carminum* (f. 193ʳ). Quamquam prior et altera partes etiam in orthographicis rebus aliquantum inter se discrepant, tamen utraque, quia cum cod. V mirum quantum consentit, ab eodem codice originali repetenda est. Descriptus est g ex codice litteris minusculis picto, ex parte dictatus, idque in Germania: c. III 16, 41 *migclonus* pro *migdoniis* c. I 17, 17 *uir educta* pro *in reducta;* epist. II 1, 60 *arco* pro *arto;* c. II 1, 38 *ueniae* pro *neniae* (g v pr.); c. s. 25 *feraces* pro *ueraces*; epist. I 1, 80 *uenere* pro *fenore*. Correctos locos paucos exhibet g, sed ubicumque sunt, g2 ueram lectionem illius exemplaris repraesentat, unde g ipse descriptus est; ut s. I 2, 110 *illi* g1 *tolli* g2 cum BV, aduersantibus ceteris ordinibus, ubi *pelli* extat.

g descriptus est ex exemplo peruerse ligato; inde fit, ut totae partes falsis locis reperiantur saepiusque sententiarum hiatus deprehendatur insulsissimus. Ita, ut duo afferamus exempla, fol. 71ʳ a s. II 6, 93 ad epist. I 16, 67 et fol. 55ᵛ a s. I 9, 29 ad s. II 3, 129 transilitur. Paginatim transpositas esse partes nec nos fugit nec Mauricium Schmidtium; Ribbeckius uero, cum non intellexisset hanc codicis g condicionem, et de archetypo et de Horatio ipso miras excogitauit alucinationes, quas etiam edidit in libello 'Episteln d. Hor.'.

Lyrica pars in g inter $\overline{\text{III}}$ et $\overline{\text{I}}$ et $\overline{\text{II}}$ ordines fluctuat neque ad aliud quidquam utile est, nisi quod ad restituendum $\overline{\text{II}}$ ordinem auxilii aliquid inde petere possumus. At in sermonibus quidem et epistulis, ubi $\overline{\text{II}}$ ordinis est, g haud parui momenti esse facile fatemur. Est ubi g solus ueram lectionem seruauit: s. II 3, 208 *ueris sceleris* pro *ueri sceleris* (AB´ deficiunt, de V parum liquet, uide nostrae editionis uol. $\overline{\text{II}}$); praeterea uerae sunt formae hae: s. II 1, 17 *deros.* s. II 3, 265 *seruŏs.* epist. I 20, 11 *uolgi:* quae omnes solo codice g memoriae proditae sunt. Nescio an etiam serm. II 3, 129 *seruosue tuo* (pro *tuos*) *quos aere puraris* uera lectio sit; an iis adsentiendum est, qui et s. II 3, 208 et s. II 3, 129 non ueram archetypi lectionem, sed uiri docti cuiusdam correcturam ingeniosam ac felicem in g praeberi opinantur?

Orthographica illa exempla certo genuina sunt; quamquam in g solo etiam improbanda quaedam id genus reperiuntur, ut epist. I 18, 3 *meritrici*, et dubia, ut s. II 3, 55 *rupis*; serm. I 6, 84 *opprobrio;* s. II 4, 59 *cochlea;* epist. I 15, 32 *quidquid*. Certo falsae sunt lectiones priuae s. I 6, 122 *scripto* pro *lecto;* s. II 8, 11 *detersit* pro *pertersit;* epist. I 6, 59 *transferre* pro *transire;* epist. II 1, 36 *adhinc* pro *abhinc*. Etiam *mule* (= *mulae*) s. I 5, 47 pro *muli* superuacua cuiusdam grammatici est mutatio. In carminibus atque epodis g ut magnam adfinitatem cum stirpe u' prae se fert, ita aliquot lectiones Mauortianas exhibet et celebratam illam Mauortii subscriptionem. Quodsi summam spectamus, codicis g origo in carminibus et epodis repetenda est a stirpe *u'*, sed is liber originarius et Mauortianae classis et primi ordinis uariis lectionibus hic illic adnotatus erat. Praesertim in quarto carminum libro et in epodis g ad construendas Mauortii lectiones adhibere licet, cum ad alias tum ad has (cf. Epilegom. p. 786 sqq.): c. I 7, 15 et epod. 2, 23: noui carminis initium; c. II 13, 28 distinctio Mauortiana, item c. IIII 4, 29; c. IIII 4, 65 *mersus;* c. IIII 8, 34 *duxit;* c. IIII 10, 6 *in speculo;* c. IIII 13, 14 *clari;* epod. 5, 3 *aut;* epod. 5, 15 *illigata;* epod. 7, 15 *albus ora pallor;* epod. 17, 11 *luxere;* epod. 17, 18 *relatus.* Orthographia posterioris aetatis et prauae rationis est: c. I 36, 1 *thure* (g v); c. II 19, 23 *hroetum* (g); c. III 4, 2 *caliope* (g); c. III 5, 7 *proh* (g).

V

Proxime ad g accedit codex V, uetustissimus ille quattuor codicum Blandiniorum Cruquii, de quibus fusius relatum est Epileg. p. 800 sqq. Quorum codicum et uirtutes et aetatem nimiis laudibus efferre ante nos prope omnium communis mos fuit. Nimirum a Bentleio (ad serm. II 3, 189) omnium Horati codicum ueterrimus et optimus praedicatus erat, quod quidem si uerum esset, inter annos 800 et 850 scriptum eum esse oportebat; at si Blandiniani coenobii historiam respicimus, ante a. 878 codex V Gandaui fuisse uix potest, testibus annalibus (cf. annal. Blandinienses ed. Bethmann, mon. Germ. ss. V p. 24 sq.) ad a. 878: 'monasterium sancti Petri et sancti Bertini a Nortmannis incensum est 5. Kal. Aug.' et ad a. 975: 'dedicatio aecclesiae Blandiniensis ab Adalberone Remensi praesule'. Porro, si scripturam *d'est* habuisse recte dicitur, quod quidem disertis uerbis Cruquius ipse narrat, ante saeculum X uel XI V scriptus esse nequit. Huic argumentationi adstipulari uidetur P. Hoehn, qui codicem saeculo $\overline{\text{X}}$ uel $\overline{\text{XI}}$ attribuit, de cod. Bland. antiquissimo, Ienae 1883 p. 54, cf. Epileg. p. 802. Codicum uero ante $\overline{\text{X}}$ saeculum scriptorum habemus copiam permagnam: A' δ''' B' δ' δ' λ' π' F δ ξ' σ' B D' β'' a l u'; quibus accedunt ii qui saeculo $\overline{\text{VIIII}}$ uel $\overline{\text{X}}$ picti sunt ut R π d λ u α'. Quo iure igitur V omnium ueterrimus dici potest? Et hoc ipso ἐπιθέτῳ improbe petito quot editores, quot adulescentes, qui Horati carminibus student, capti et obstupefacti sunt!

Quattuor illi codices Gandaui in abbatia s. Petri in monte Blandinio (au mont Blandin) a Iacobo Cruucke (Mre Iacques Cruucke) inuenti sunt. Cruucke, qui se ipse Cruquium appellat, natus erat Messinis (Messines, Meessen) in Flandria, Louanii studiis litterariis incumbebat, uxorem duxit 'Catharinam Vutens alias Pode', quae ei filium Cornelium Cruucke peperit; Iacobus a. 1544 apud Brugenses litterarum professor publicus factus est; diem supremum

obiit inter Kalendas Ian. a. 1582 et ante diem XVII Kalendas
Sextiles a. 1588 (cf. archives de Bruges, état des biens 1° série
nr. 369. Paquot, memoires pour servir a l'histoire litteraire des
dixsept provinces des Pays-Bas III p. 650 sq. Louvain 1770).
Inter Cruquianas editiones diplomaticum quod dicunt aliquod pretium habent hae:

    1. Q. Horatii Flacci carminum liber quartus, ex antiquissimis
manuscriptis codicibus... opera Iacobi Cruquii Messinii... editus.
Brugis Fland. ex officina Huberti Goltzii, 1565.

    2. Q. Horatii Flacci epodon liber, ex antiquissimis septem
codicibus manuscriptis cum commentariis antiquis emendatus opera
Iacobi Cruquii Messinii etc. Antuerpiae ex officina Chr. Plantini
1567.

    3. Q. Horatii Flacci satyrarum, seu potius eclogarum libri II.
Ex antiquissimis undecim codicibus manuscriptis, cum antiquis
commentariis, post omneis qui hactenus editi sunt, infinitis locis
purgatis, et clarius explicatis opera Iacobi Cruquii Messinii, apud
Brugenseis politioris litteraturae professoris publici. Eiusdem in
eosdem commentarii. Antuerpiae, ex officina Christophori Plantini
prototypographi regis. 1573.

    4. totus Horatius cum titulo: Q. Horatius Flaccus, ex antiquissimis undecim lib. m. s. et schedis aliquot emendatus etc. Antuerpiae, ex officina Chr. Plantini 1578.

    Hae editiones notabiles esse uidentur propter lectiones quattuor
illorum codicum Blandinianorum, qui a. 1566 incendio absumpti
sunt. Eorum ipsorum autem solus V reuera aliquod pretium habet,
sed summe cauendum est, ne nimium ei tribuamus. Höhnius enim,
qui 'de codice Blandinio uetustissimo' subtiliter scripsit et 606
codicis V lectiones ex editionibus Cruquianis magna diligentia collegit, falsarum tantam copiam repperit, ut alios habeamus Horati
codices multo meliores (cf. Häussner, Cruquius und die Horazkritik
p. 9 et Epileg. p. 835). Adde quod Cruquii relationes non solum
de codicibus a. 1566 incendio deletis, sed etiam de iis, quos post
a. 1566 facillime retractare licebat, tam incertae fidei sunt, ut de
omnibus dubitandum esse Häussner l. l. p. 54 censuerit. Et
haec quidem sententia probatione minime caret. Alfredus Holder
enim unum Cruquianorum codicum, etiamsi non Blandinianum,
Diuaei dico librum siue Carrionis, eundem esse ac Bentlei Zulichemianum eumque adhuc in bibliotheca Leidensi integrum extare
optime intellexerat. Est cod. membranaceus 127 A, olim bibliothecae Hulsianae saec. XII, foliorum 116, uersuum 30—31 in unaquaque pagina. Primus accuratissime contulerat Holder, postea,
cum Holderi conlatio periisse uideretur, denuo me ipso adhortante
suscepit negotium Häussner isque firmissimis argumentis demonstrauit ne de Zulichemiano quidem cum fide relatum esse a Cruquio. Mihi quidem luculentissimum leuitatis Cruquianae argumen-

tum semper fuit iste locus c. IIII 1, 10 ubi in prima editione, quam ante deletam bibliothecam Blandiniam fecerat, coniecturam suam in libris non inueniri clare fatetur, in altera uero editione, post incendium illud facta, cum iam non timeret, ne a quoquam refelleretur, audacter contendit se emendationis suae aperta uestigia in codicibus Blandiniis repperisse. Vide excerpta Cruquiana in hoc nostro uolumine p. 360. In editione Brugensi (1565) haec legimus: *'sine ullo scrupulo cam dictionem, purpureis, ut genuinam et Horatianam in sua sede statuendam putaui, tantisper dum illa cogeretur alii suum locum concedere: quod profecto nemo mihi facile persuaserit futurum, nisi uelimus Horatium uel ignorasse purpuram uel nescisse olores esse candidos. Non eo inficias illius loco reponi licere Porphyreis, uicinitatemque litterarum inter Porphyra et purpura non difficulter errori patrocinium inuenturam, sed reclamantibus uel antiquissimis codicibus nolui in uenerandam antiquitatem sacuire temere: quis enim non ad colorem purpureum, sed ad insulam Porphyrim Veneri sacram non uideat allusisse poetam? ut purpurei olores sint Cytheraei hoc est Veneri sacri.'* Contra in editione Antuerpiana (1578) audacter scribit: „reuersus ad Bland. codices quod antea non obseruaram, uidi in τὸ purpur apertas maculas τοῦ porphy., quare sine ullo scrupulo τὸ porphyreis ut genuinam et Horatianam dictionem in sua sede statuendam putaui, allusione ad insulam Porphyrin Veneri sacram, ut sint porphyrei olores, id est Veneri sacri". Combusti erant codices Blandinii a. 1566.

Cui hic locus de friuola ac suspecta Cruquii fide oculos non aperuerit, eum doceri posse omnino desperandum uidetur.

De uniuersa quaestione Blandiniana has fere commentationes inspiciendas esse censemus: F. Matthias, quaestionum Blandinianarum capita tria, diss. Hal. Saxon. 1882. W. Mewes, de codicis Horatiani, qui Bland. uetustissimus uocatur, natura atque indole. Berol. s. a. (quem quidem libellum erroribus et mendis admodum laborare Rich. Kukula[1]) philol. Rundschau II nr. 32 demonstrauit) et 'über den Werth des cod. Bland. uetustissimus für die Kritik des Horaz', Beil. z. Progr. des Friedrich-Werderschen Gymnasiums, Berlin 1882. P. Höhn, de codice Blandinio antiquissimo, dissertat. Ien. 1883; inprimis uero Ios. Häussner, Cruquius und die Horazkritik, Bruchsal 1884. Accedit quod easdem quaestiones in seminario philologico Pragensi optimis discipulis iterum iterumque discutiendas proposui, qui et Cruquio magnam fidem tribuendam et codicem V in praestantissimorum codicum numero ponendum esse

---

1) Hunc bibliothecae Pragensis praefectum (Richardum Kukula) noli confundere cum professore Richardo Cornelio Kukula, qui Blandiniorum codicum excellentiam intempestiua quadam commentatiuncula tueri conatus est.

ad unum omnes prorsus negauerunt. Qui postremus eius generis tractatum composuit, Iosephus Hampel, de codicum BRV ad recensenda carmina et epodos auctoritate et de M. Hertzii editione, post subtilissimas disquisitiones ad hanc summam peruenit, ut diceret: 'Locis 89 BR genuinas habent lectiones. Si eosdem locos spectamus, cod. V 69 genuinas praebet scripturas, falsas 20. Vndeciens BR falsas exhibent lectiones; quibus ubique adsentire uidemus codicem V, excepto uno loco (c. III 14, 11 *ominatis*)'. Hertzium non iure, sed iniuria in carm. et epod. libris edendis codicem V praeposuisse codicibus BR argumentis comprobat firmissimis.[1]) Itidem quilibet alius philologus, dummodo sine ira et studio omnia perpenderit, non poterit non iudicare. Quare codicis V lectiones in ipsum apparatum inferre non ex re esse duximus, utpote quae in errorem inducere possint lectorem; uerum enim uero, ubicumque adnotatio critica Cruquii extat, in apparatu signum () adposuimus. Omnia eiusmodi autem huius uol. p. 343 sqq., ubi ad antiquissimarum optimarumque editionum fidem ab Holdero composita sunt, uno tenore legere licet. Quid quod etiam in classium discriptione V et V′ (= Vg) constanter comparent?

Si Cruquii adnotationes pro ueris ac sinceris habemus, quales quidem non omnes sunt, haud paucos inuenimus locos, ubi g et V inter se consentiunt, quas pro certioribus codicis V lectionibus habere possumus et in discriptione classium signo V′ illustrauimus. Aliter se habent eae lectiones, quas solus V̄ praestitisse dicitur.

Ac primum quidem lectiones V′(Vg) inspiciamus (uid. discript. classium). In carminibus igitur et epodon libro V′ mirum quantum a secundo ordine abhorret; cf. *publicum* I cl. et V′ c. III 24, 4 aduersus II classis *ponticum*. s. II 8, 88 V̄ *anseris albae* habet pro archetypi lectione *anseris albi*. Simillimum in modum *fecundae leporis* pro *fecundi leporis* in V σ2m serm. II 4, 44 et *mule* (= *mulae*) pro *muli* serm. I 5, 47 in g. Hae omnes originalis lectionis mutationes ad eam regulam factae sunt, qua in animalium nominibus femininum genus pro communi iubebant adhiberi. *manibus* serm. II 3, 303 in V̄′σ2m reliquorum codicum lectioni *demens* minime est quod praeferamus, uid. Epileg.; s. II 6, 10 *ille* in V̄′m est mendum absurdum ex iteratione ortum; *futidius* pro *fufidius* s. I 2, 12 V′mB ex scriptura capitali apparet explicandum; epist. I 15, 16 *dulcis* V′Ev pro *iugis* etiam iis uiris doctis, qui codici V iusto maiorem fidem habent, prorsus improbatum ut Wilkinsio in epistularum editione laude digna; epist. II 1, 167 pro *inscite* V′mvEqL exh. *in scriptis:* quae quidem inter inficetas tritioresque uarias lectiones numeranda est. Omnibus his locis ipsas litteras uerae lectionis ex

---

1) Alius seminarii nostri socius in epistulis 103 ueras, 45 falsas 7 dubias, in a. p. 23 ueras, 7 falsas, 2 dubias lectiones codicis V effecit, cf. Prager Studien nou. ser. fasc. VI.

parte seruatas uidemus; ueri igitur simile est saepius uocem aliquam iam parum facilem lectu fuisse, ut *demens (manibus)*, *fufidius (futidius)*, *iugis (dulcis)*, *inscite (inscriptis)*; neque aliter loco illo celebratissimo serm. I 6, 126 res se uidetur habuisse. Lectio *fugio campum lusitque (lusumque) trigonem* nata est ex *fugio rapidosi tp̄ū signi*[1]) uel ex *fugio r̄āp̄ĭd̄ōfītp̄ār̄īgn̄ī*. *r, o, p, a* legi iam non poterant, pro *d* librarius *cl* legit, ergo pro *id ul*, pro *f* legit *r*, pro *i* suspicatus est *e*; lineolas[2]) superscriptas lectionibus minus claris pro abbreuiandi signis habuit; hac igitur ratione ex *āp̄ūl.fīt..rīgn̄* per coniecturam factum est ⟨*c*⟩*āp̄ūl*⟨*u*⟩*sit*⟨*q.t*⟩*rig*⟨*o*⟩*nē*; (ita g); deinde consulto emendatum: *campum lusumque trigonem* (in V). Primus coniecturae gradus (in g) non indignus est qui adseratur coniecturis *diuolsusque prementibus* pro *diuolsus querimoniis* in *δzπ gloss.* λφ c. I 13, 19; *largiri potis* pro *large reponens* c. I 9, 6 al. Sed etiam alter gradus coniecturae (in V) neque Latinum sermonem sapit neque ex ueris legibus grammaticis explicari potest[3]); quo factum est ut essent qui *inuisumque trigonem* aut *nudumque trigonem* emendare uellent. Quo uix quicquam cogitari potest peruersius. Immo uero cum ceterorum omnium codicum auctoritate standum et uerba optime tradita sic interpretanda sunt ut in Epilegom. p. 483—488 ubertim demonstratum est.

Apertum γλώσσημα habes epist. I 10, 9 in Vσimvq: *effertis* pro *fertis*. Denique quaecumque lectiones aut V + g (V') aut V + σm aut V + σ2m aut V + m fere solis memoriae proditae sunt, sine dubio uidentur esse damnandae.

Nec melius res se habet, ubi V solus singularem lectionem praebet. Sicut enim lectiones codice g solo traditae, exceptis una uel duabus, ut demonstrauimus, falsae habendae sunt, ita etiam eae quas Cruquius in V uel in Blandin. solis deprehendisse sese narrat. Falsae igitur sunt lectiones *menteis* epist. II 2, 36 *prona* pro *prima* epist. II 2, 98, *d'est* cum apostropho epist. I 12, 24 pro *dest*, *flexus* pro *uictus* (γλώσσημα) c. IIII 6, 21, *rixatus* pro *rixatur* epist. I 18, 15, *liuidumque* pro *līq̄uidumque* c. I 35, 20, *quaere* pro *quaero* serm. II 3, 188, *ponendaque domo* pro *ponendaeque domo* epist. I 10, 13 (codd. Bland.).

Verae lectiones sunt nullae nisi epist. I 16, 43 *quo res spon-*

---

1) Ad lectionem *rapidosi* quam G is aliique praebent, redeundum esse bene uidit Holder, uid. Herm. XII 501.

2) quales in saeculi X̄ codicibus et postea saepe inueniuntur, uid. Epileg. p. 484.

3) cf. A. Waltz in diligentissima Horati editione Francogallica, Par. 1888 p. 275: Rabiosi tempora signi] Texte donné par tous les manuscrits existants, sauf celui de Gotha, qui a une leçon inintelligible: *fugio campum lusitque trigonem*. D'après les Blandinii un grand nombre d'éditions ont la uariante *campum lusumque trigonem*, d'une latinité très douteuse, soit qu'on fasse de *trigonem* un adjectif pour *trigonalem*, soit que l'on prenne *lusum* pour un participe ou pour un substantif apposé.

sore pro reliquorum codicum *quo responsore* et *cubital* pro *cubitale*
s. II 3, 255, ubi lectionis *cubital* etiam Porphyrion testis est et codex
g non *cubital*, sed *cubitale* habet. Ex Porphyrione Cruquius qui
scholiis studiose operam dabat, lectionem illam cognouisse eamque ut
codici V 1 propriam uenditasse putandus est. Nec minus illud
'*quo res sponsore*' ipsius Cruquii bonam coniecturam esse ueri est
simillimum.

His lectionibus adnumerare licet eas, quae in tribus codicibus
Blandiniis inuentae esse feruntur falsissimae: epist. I 18, 19 *dolichos*, epist. I 15, 24 *phaegax*, carm. IIII 1, 10 *porphyreis*. Item
illud quod Cruquius ad c. III 5, 27 refert, in codicibus suis ubique exhiberi formam *dampnum*.

Solis iis locis, quibus V cum singulis ex melioribus secundi ordinis testibus consentit, aut cum B aut cum C aut — in epistulis —
cum E, secundi ordinis codex ante oculos ponitur admodum antiquus,
librorum BCV aut EV quasi pater, qui uel aduersantibus prima
tertiaque classibus ueras nonnumquam testatur lectiones. At
summa iniuria codex V ipse potissimum in critica Horatiana factitanda lucem praebere putatur, siquidem, ut ego numeraui, in sexaginta lectionum numero undeuicenis, ipso Hauptio auctore duodenis uel ternis denis, falsis inquinatus est, quae sane tristissima
condicio est; multo melius sequemur BR, qui in sexagenarum lectionum numero falsas exhibere solent ternas, ita ut hac ratione
illa altera, qua V praeferendum censent, quater superetur. Eodem ferme modo res se habet, quando classis $\bar{\text{I}}$ et $\overline{\text{II}}$ contra $\overline{\text{III}}$
consentiunt; nam inter sexagenas lectiones ternae falsae occurrunt.
Consentientibus classibus $\overline{\text{II}}$ et $\overline{\text{III}}$ inter sexagenas lectiones prauae
sunt senae, consentientibus $\bar{\text{I}}$ et $\overline{\text{III}}$ septenae.

Quodsi famosum illum locum, ubi pro uera lectione *rabiosi
tempora signi* altera ista *campum lusitque (lusumque) trigonem*
interpolata est (serm. I 6, 126, cf. ea quae modo exposuimus), diligenter consideramus, ex corrupta uera lectione, quae in classibus $\bar{\text{I}}$
et $\overline{\text{III}}$ et in σ´u´V uar. integra seruata erat, non sine audacia
nouam aliquam uidemus fabricatam, quae, si sermonem spectas,
medii aeui redolet barbariem. Ergo minime audiendi sunt ii, qui
propter hunc ipsum locum inter Horati codices plurimi aestimant
codices Vg. Immo uero codex V omnino ad rem criticam minimum ualere putandus est, quippe cuius lectiones nimis parce
parumque diligenter a Cruquio memorentur Cruquioque ipsi ubique fidem habere non possimus. Id unum tenendum est, in sermonibus, epistulis, arte poetica codicem V secundi ordinis fuisse, cum
in carminibus ne unam quidem II ordinis lectionem propriam, in
epodis unam (16, 33) habeat; cf. discript. classium. Item g in
sermonibus et epistulis secundi ordinis est, in arte poetica uero
prorsus deficit. Itaque si codicis V accuratam, diligentem plenam-

que haberemus collationem, in arte poetica primariis secundi ordinis testibus itemque sine dubio in sermonibus et epistulis adnumerari posset. Denique si omnia perpendimus, V in sermonibus, epistulis, arte poetica secundi ordinis codex est sane memorabilis; sed cum secundum ordinem ut unicum ducem sequi nequeamus, etiamsi V integer ad nostram aetatem uenisset aut religiose conlato eo uti liceret, tamen multum abesset, ut criticae artis Horatianae 'lucem et ducem' cum haberemus.

$\overline{q}$

In eorum codicum numero, qui Mauortianam subscriptionem exhibent, nominandus est etiam

q = codex Parisinus 8216 membranaceus saec. $\overline{XII}$, olim Colbertinus, 0,235×0,12 m., foliorum 140, in singulis columnis 21—34 uersuum. fol. 137ʳ scribitur 'Th(eodori) Marcilii' (qui natus est a. 1548, obiit 1617). Huius libri archetypus seriem habuerat ordinariam: carm., a. p., epod., c. s., epist., serm. In ipso codice q ars poetica non ante epodos, sed ante epistulas inuenitur. Apud Chatelain $\overline{I}$ p. 24 tab. LXXX subscriptionis Mauortianae et c. s. 1—15 imago extat.

Codex q duabus de causis dignus est qui memoretur, primum propter subscriptionem Mauortianam et lectiones Mauortianas passim inspersas, deinde ut codex primarius familiae u'q, quae a propria quadam recensione medio aeuo facta originem capit. Notabiles igitur sunt et ii loci, ubi q cum aliis codicibus Mauortianis consentit et ii, ubi q cum v facit.

Inter codices nostros Mauortianos q cum A' et l potissimum congruit. De librorum q et v adfinitate in tertio ordine describendo disputabitur, cum de v sermo erit.

Bruxellensis.

Bruxellensis 9776—9778 saeculi $\overline{XI}$ exeuntis, 0,285×0,181 m., 133 foliorum, 29 linearum in singulis paginis; continet Horati carmina, artem poeticam, epodos cum subscriptione Mauortiana, c. s., epist. I. II, serm. I. II; serm. II 7, 45 et quae secuntur manu saec. $\overline{XV}$ suppleta sunt. Desunt praeterea: c. III 29, 32—IIII 3, 57 = duo folia, epod. 8, 17—12, 18 = 2 folia; epist. I 15, 46—II 1, 128 = octo folia manu saec. $\overline{XV}$ suppleta. In libri Bruxellensis exemplari originario carmen saeculare sermones exceperant, sicut in u quoque factum est; namque fol. 70ʳ post finem c. s. rubrica picta uidemus haec uerba: *Horacii flacci fermonum liber. II. explic̄. Incipit epⁱ⁴aꝫ. lib̃.* Deinde incipiunt epistulae (I 1, 1).

Hic codex sola subscriptione Mauortiana et quibusdam locis insignis est, ubi cum aliis Mauortianis codicibus consentit: *optat* pro *aptat* epist. I 1, 69. *catenis* pro *catena* epist. I 2, 63. *monstrat*, non *monstret* epist. I 2, 65. *cibaria* pro *diaria* epist. I 14, 40. *ducet* pro *ducit* epist. I 6, 57. *pectore* pro *corpore* serm. I 3, 34. serm. I 3, 96 Bruxellensis et Reginensis nouum sermonem incipiunt. Etiam orthographica nonnulla bene seruauit Bruxellensis, ut multos accusatiuos in -*is* exeuntes, sed idem inter tres ordines ita fluctuat, ut indignus sit qui praecipue adhibeatur. Scripturae imaginem inuenies apud Chatelain I tab. LXXIX = fol. 68ᵛ = epod. 17, 66 — c. s. 11; idem uir doctissimus suspicatur cod. Brux. eundem esse ac Pulmanni Gemblacensem; sed refutatur eo, quod c. I 12, 13 Gemblacensis prorsus singularem lectionem *parentem* exhibuisse fertur, in Bruxellensi uero legimus *parentum*.

Reginensis.

Similis est cod. Reginensis = Oxoniensis, Queens college P 2, quem Ioannes Luidus 12. Nou. 1595 collegio Regineo dedit; folia non sunt numerata; in singulis columnis 25 lin.; est formae quartae mai., saec. X, membr. Continet carmina, artem poeticam, epodos cum subscriptione, carmen saeculare, sermones, epistulas, eadem serie qua cod. u. In usum uocatus est a Bentleio.

Cum libris Mauortianis consentit aliquotiens ut epist. II 1, 180 *ac* pro *aut* (cum qy). serm. II 8, 48 *quoquitur* (cum λ). s. I 3, 96 nouus sermo incipit (cum Brux.). s. I 3, 34 *pectore* pro *corpore* (Regin. 2 cum λlqj Brux.). s. I 3, 142 *priuatim* pro *priuatus* (Regin. 2λl). epist. I 1, 69 *optat* pro *aptat* (cum gl Brux.). epist. I 7, 51 *resecantem* (cum g, similiter E). Nescio an huc referendum sit *oleamue* pro *oleamque* epist. I 8, 5, coniectura consulto facta, in Eμ Regin.

Quod ad orthographiam q. d. attinet, praeter lectionem illam, quam iam notauimus, *quoquitur*, memorabiles sunt *febris* epist. I 7, 9 Regin. 1 R 1 π ε. *pluris* serm. II 3, 149 (Regin. 1, solus; B R π A C δ alii deficiunt). *partis* (Reg. 1 alii) s. p. 326.

In extremo codice scriptum est: *explicit liber Incipit pastus*.

Taurinensis.

Taurinensis regiae bibliothecae uniuersitatis I. VI. 2. membr. 0,21×0,13 m., 84 foliorum, in singulis p. 30—38 lin. Forma picta est apud Chatelain I tab. LXXX = fol. 30 = epod. 17, 62 — c. s. 20. Hic codex non sine magna cautione adhibendus est, siquidem multa folia posteriora genuinis intermixta sunt; genuina sunt ars poetica, epod., carmen saeculare, sine lacunis; praeterea s. I 1, 1—2, 17; originario ordine collocata erant ita, ut artem poeticam epodi exciperent. Nam ad artis poeticae calcem inscriptio inuenitur: Q. hORATII DE ARTE POETICA. EXPLICIT. INCIPT EIVSDE. EPOᴄON. Subscriptio Mauortiana margini apposita est characteribus minimis scripta non ab eo, qui contextum, sed ab eo, qui titulos exarauit. Hic illic orthographica q. d. bene seruata sunt ut *auernalis, inanis*, alia eiusdem generis.

Codex genuinus inter $\overline{\text{III}}$ (stirp. Rπ) et $\overline{\text{I}}$ (stirp. aγ) ordinem fluctuat et iis mendis scatet quae auditu excipientium esse solent, ut epod. 16, 10 *aquula* pro *acuta*, a. p. 168 *cũmissise* pro *commisisse*, a. p. 192 *nec arta* pro *nec quarta* Taur. 1, a. p. 205 *nundū* pro *nondum* Taur. 1 aut pr., a. p. 235 *pysones*, a. p. 243 *sunptis*, 259 *aparet* al. Vere Horatianam scripturam *messallae* exhibet a. p. 371, cum Porphyrionis cod. W (*messalle* R). Scriptus est codex Taurin. saec. $\overline{\text{X}}$—$\overline{\text{XI}}$; tituli litteris uncialibus pulcherrime picti sunt.

σ

Maioris momenti ad $\overline{\text{II}}$ classis et familiae Mauortianae lectiones inuestigandas sunt codices σ et x, quorum commune exemplar subscriptionem habuisse uidetur Mauortianam.

σ = Sangallensis oppidanus 312, saec. $\overline{\text{X}}$, ex bibliotheca membr. Vadiana, 0,215×0,16 m., foliorum 158, 25 uers. in singulis paginis. Formam libri uides apud Chatelain $\overline{\text{I}}$ tab. XC = codicis p. 37 = c. II 2, 1—20. Codex duabus partibus constat: 1) carminibus et epod. 1, 1—16, 66. 2) Aliis manibus exarati sunt 'poeticus liber' (= ars poetica), sermones, epistulae. Fol. 60^v tituli desunt, quattuor lineis uacuis relictis. Fol. 72^v in epod. 16, 66 contextus subito abrumpitur, septem lineis uacuis relictis. Vnde concludere licet, in originario huius codicis exemplari (σ") singula poemata ordinaria serie (ut in classe $\overline{\text{III}}$ et $\overline{\text{I}}$) se excepisse: carmina, artem poeticam, epod., c. s., sed eius libri, unde σ descriptus est, auctorem ad secundi ordinis modum epodos post carmina posuisse omissa arte poetica. Ita accidit, ut quattuor uersus fol. 60^v uacui relinquerentur: subscriptio enim, quae post carmina addita erat, iam non conueniebat, siquidem ad artem poeticam spectabat.

In exemplari codicis σ deerat epod. 17 cum subscriptione Mauortiana, qua de re sis conferas quae de codice A disputauimus. Vnum folium ex libri σ archetypo excisum fuisse neminem fugiet.

Petropolitanus.

Pro libri σ nepote, ut hac similitudine utamur, codex Petropolitanus accipiendus est, quem in epistulis tantum et arte poetica adhibere placuit. Scriptus est saec. $\overline{\text{XIV}}$ in membranis formae octauae; sunt folia 88, in singulis paginis 48 fere uersus; continentur carmina, ars poetica, epodi, carmen saeculare, epistulae, sermones, uita Horatiana, expositio metrica. Oriundus est e monasterio sancti Germani in Pratis. Exemplar originarium, unde σ et x et Petropolitanus in carminibus, epodis, arte poetica olim descripti sunt, seriem habuerat ordinum $\overline{III}$ et $\overline{I}$ et indolem stirpis δ'''. Secundo loco lectiones $\overline{I}$ ordinis, tertio denique loco, idque in carminibus, epodis, arte poetica, etiam $\overline{II}$ ordinis lectiones accedunt. In sermonibus autem atque epistulis secundi ordinis adeo praenalere uidemus indolem, ut facere non possimus, quin hic quidem secundum ordinem pro fundamento accipiamus. Ex σ aut x Petrop. non descriptum esse docemur a. p. 171: *omnis* Petrop. recte, *omnes* falso σx, cf. gramm. Aufsätze 295.

x

Codicis σ quasi frater minor est codex x = Oxoniensis Bodleianae bibliothecae Dorvillianus, ms. Lat. 198, saec. $\overline{XI}$, membran., ex libris I. P. d'Orville, oriundus e bibliotheca S. Vincentii Laudunensis (Laon in Lotharingia), ut uir doctissimus Arturus B. Poynton uerisimiliter coniecit, cuius liberalitati ac diligentiae conlationem debemus accuratissime factam. Constat 126 foliis, in singulis paginis 29 uersuum; continet Horatium cum scholiis Γ et quaedam fragmenta, ut fol. 32 aliquot uersus ex Publilio Syro detractos. Inest etiam epistula Adalberonis Laudunensis episcopi (977—1030) ad Fulconem Ambianensem (993—1030) scripta. Reperiuntur etiam quinque glossae Theotiscae (mitteldeutsch): c. I 14, 6: *antemnae] segalrŏdon*, c. I 23, 7 *lacertae] ydchsun*, serm. I 1, 11 *uadibus] burgun*, serm. II 2, 16 *promus] sceinco*, serm. II 4, 81 *scobs] theotisca lingua dictum est urpora*. Horatianorum carminum ordo est hic: carmina, epodi, carmen saeculare, ars poetica, sermones, epistulae.

Subscriptionem Mauortianam olim in codice x fuisse suspicatur Poynton: '*at the end*, inquit, *of the Carmen saeculare there is no subscription, but evident marks of the erasure of four lines of writing. I hardly think that in the eleventh century the Mavortian subscription would stand there.*'

σ' (σx)

Codices σ et x ex uno exemplari (σ') duxerunt originem, libro fortasse saeculi noni. In σ' ars poetica *POETICVS LIBER* (sic σ ineunte et exeunte arte poetica) uel (ut x extrema arte poetica) *LIBER POETICVS* nuncupabatur isque post carmen saeculare et ante sermones positus erat (sic in σx), id quod cum codice B conuenit, in quo et ipso a. p. inter epod. 17 et serm. I posita est eique inscribitur '*POETICA*' omisso uoc. '*ars*'. Codex σ' in carm. et epodis inter omnes tres ordines fluctuat. Quod quidem ad lyrica attinet, librum σ' e stirpis δ''' codice quodam ad primi ordinis normam frequenter emendato fluxisse ex multis lectionibus falsis plane intellegitur. Verum etiam e $\overline{II}$ ordinis codice quodam haud paucas lectiones Mauortianas insertas deprehendimus, eaque ipsa de causa codex σ' ne in carminibus et epodis quidem prorsus spernendus est, cf. has lectiones Mauortianas: c. III 8, 4 *cespite* (σx) pro *in cespite*. c. IIII 4, 65 *mersus* (σx) pro *merses*. epod. 1, 34 *nepos* (σx) pro *ut nepos*. — Multis aliis autem locis modo x solus, modo σ solus Mauortianam emendationem aut in contextum recepit aut ut uariam lectionem adscripsit. Ergo ex codice quodam Mauortiano haud paucas lectiones rariores in cod. σ' uel σ" adscriptas fuisse negari non potest. Ex eodem illo II ordinis libro Mauortiana quoque subscriptio, quam in σ" fuisse putamus, originem duxit, sicut et tituli epodon in σx. In sermonibus et epistulis et arte poetica σ' (= σx uel σ2x) inter meliores secundi ordinis testes est, itaque hos codices in discriptione classium constanter exscriptos inuenies.

Codices σx in carminibus de stirpe δ pendere congruis lectionibus efficitur permultis (ut *altricis, reddidit, securim, rex* pro *dux* al.); praeterea cf. c. II 1, 1 *ciuium* xz1; c. II 1, 25 *et* omis. δ pr. x; c. IIII 2, 6 ad uoces *quem ... aluere* cod. x adnotationem facit '*alii cum saliere*', quae quidem est lectio stirpis δ'''. Primi ordinis lectiones propriae in σ' sunt cum aliae tum c. I 4, 16 *et manes* pro *manes*, c. I 12, 15 *et*, c. I 22, 2 *nec*, c. II 3, 11 *quo* pro *quid*, c. II 4, 18 *delectam* pro *dilectam*, c. IIII 14, 11 *brennos*, epod. 1, 5 *si* omis. epod. 5, 55 *formidolosae*.

σ et x artis uinculis inter se cohaerere ex innumeris locis patet, uid. c. II 1, 19 *fulgur* σx pro ceterorum codd. *fulgor*, c. I 3, 20 a̓croceraunia σ achroceraunia x, c. III 24, 4 lectio priua *punicum* (al. *ponticum, publicum, apulicum*) in σ2x. Saepe codicis x lectio eadem est quae σ2; sic c. I 18, 5 *ettollens* σ1 *extollens* σ2x.

In sermonibus et epistulis genuinarum secundi ordinis lectionum haud exiguus numerus codicibus σx traduntur; ut epist. I 15, 18 *uenio* pro *ueni* σxmLrα; serm. II 5, 78 *nequiere* σxurMα; plura uide in discriptione classium.

Admodum crebri sunt loci quibus σ2 uel σ *corr.* ueram huius stirpis secundique ordinis lectionem exhibet: ut serm. II 3, 163 σ2 uar. xgv *et* pro ceterorum ordinum *aut.* epist. I 2, 41 *qui recte uiuendi* σ2xgEj pro ceterorum *uiuendi qui recte.* epist. I 6, 50 *lacuum* pro *saeuum* σ2xE. serm. II 3, 69 *nerio* pro *a nerio* σ *corr.* xg. serm. I 9, 3 σ *corr.* xgG *occurrit* pro *accurrit.* serm. II 3, 303 σ2gjmiV *manibus* pro *demens.* serm. II 4, 44 *fecundae leporis* σ2xmV pro *fecundi l.* Quaecumque nota σ2 signauimus, ab ipso librario addita esse uidentur, quamquam alio atramento scripta sunt, itaque nescio an omnia melius fuerint notanda σ corr.

Priuae codicum σx lectiones fere omnes medio aeuo ortae esse uidentur, licet interdum uerum praebeant ut serm. II 5, 36 *cassa* (σ2x) pro archetypi *quassa*; item epist. I 3, 33 *seu ... seu* peruersae archetypi lectionis (*heu ... heu*) bona emendatio est in σx. Superuacuum uidetur *crustis* pro *frustis* epist. I 1, 78 in σx Petrop.; serm. I 5, 67 is, qui recensionem σ' fecit, lectionem arti metricae repugnantem *nihilo deterius* in principio hexametri emendabat in *nullo deterius* (σx); Horatius ipse *nilo deterius* scripserat. epist. I 16, 3 *iuncta* σx pro *amicta*. 66 *uiuit* pro *uiuet* σxj. epist. I 17, 21 mutauit *uerum* in *rerum* (σxjµs1), quod quidem multi in textum receperunt. s. II 3, 128 codicis σ' auctor lectionem quam non intellexerat *tun sanus* in *tum sanus* mutauit (σxβ). Particula *quatenus* coniunctiuum modum poscere ratus serm. II 4, 57 *petat* correxit pro *petit* (σ2xmα). s. II 5, 103 non intellectum *est* = *licet* deleuit (σ2xa2). serm. II 6, 30 quomodo coniunctiuum *pulses* intellegeret desperans scripsit *pulsas* (σx). Proprium scribendi genus praebent epist. I 11, 16 *iccirco* (σxn), ut etiam a. p. 265 *iccirco* (B'σj). *ungi* epist. I 2, 183 σx. Constanter si de capitis parte agitur σx *tympora* scribunt pro *tempora*: c. I 7, 23. III 25, 20. IIII 8, 33.

Notabilis est lectio a Bentleio postulata *cyclius* (*ciclius* σ) pro archetypi *cyclicus* a. p. 136; nec minus memorandum uidetur codice σ nullum antiquiorem uersum interpolatum epist. I 18, 91 in ipso textu exhibere. In x in margine adscriptus est, sicut sine dubio etiam in σ'.

Vt multi loci sunt, quibus σ solus sine x secundi ordinis lectiones seruauit, sic etiam x compluribus locis melior testis est lectionum $\overline{\mathrm{II}}$ ordinis propriarum quam ipse σ: ut epist. I 2, 31 *somnos* x (*somnum* E g pr. V) pro *curam* et epist. I 7, 51 *resecantem* g E corr. pro *purgantem*.

Eorum codicum numero, qui ut σx ad $\overline{\mathrm{II}}$ ordinem restituendum adhiberi possunt, porro attribuendi sunt libri moiΘjµc. Gioxm2 mirum in modum in uno errore consentiunt, qui in aliis antiquissimis Horatianis codicibus, exceptis λl, a nobis obseruatus non fuerat, in falsa lectione *curiosius* pro *curiosus* epod. 17, 77; in σ et j haec textus pars deest; sine dubio etiam horum librorum exemplaria item legerunt.

Inter hos codices maxima constantia cum $\overline{\mathrm{II}}$ ordine faciunt m et o.

m

m = codex Monac. Lat. 375 membranaceus foliorum 169, 0,224×0,151 m., in singulis paginis 25 lin.; carm., ars poet., epod., c. s., epist., serm., uita. Scholia habet medio aeuo composita; insunt etiam nonnullae glossae Theotiscae, de quibus uid. A. Holder in Germaniae uol. XVIII p. 73—75. Steinmeyer-Sievers, althochd. Glossen $\overline{\mathrm{II}}$ p. 336—338. In carminibus et epodis propter nimiam inconstantiam spernendus; in epist. I 10—II 2 extr. inter $\overline{\mathrm{I}}$ et $\overline{\mathrm{III}}$ ordinem fluctuat; in sermonibus, epist. I 1—10 arteque poetica $\overline{\text{II}}$ ordinis codicibus adnumerari potest, uid. discript. classium. Inprimis adfinis est codicibus σ'g. Olim fuit in Frisingensis, sancti Corbiniani 34, saec. $\overline{\text{XI}}-\overline{\text{XII}}$.

Quod ad rem orthographicam q. u. attinet, aliquot bonae frugis lectiones insunt ut c. II 10, 4 *iniquom* in pr.; s. I 1, 84 *uolt* (in solo m seruatum); *paruola* s. I 1, 33 alia.

o

o = Argentoratensis II = C. VI. 19 saec. $\overline{\text{X}}-\overline{\text{XI}}$, membranaceus, Oberlini B. 65 fol. 1 col. 26 lin., combustus a. 1870; originarium exemplar continuerat carm., a. p., epod., c. s.; ars poetica quidem in codice ipso ab Holdero conlato deerat; sed fol. 53ʳ scriptum erat: *Q. H. F. DE ARTE POETICA EXPLIC̄.* ∥ *INCIPIT EPODON. ad mecenatē.* Ergo in codice originario ars poetica solito loco posita erat inter carmina et epodos. fol. 64ᵛ post carminis saecularis finem scriptum fuit: *Q. H. F. carminis LIBER .IIII. EXPLICIT; LIBER //////.* Deerant serm., epist., ars poetica, praeterea lyricorum pars. Quo tempore Holder codicem contulit, inerant: carm. I 1, 1—35, 29. II 13, 19—IIII 15, 32. epod. 1, 1 —9, 8. 14, 12—17, 81. c. s.

Notanda uidetur lectio c. I 28, 4 *tibi quicquam* cum Bλ'ı pro *quicquam tibi*.

In carminibus et epodis o saepe ad $\overline{\text{II}}$ ordinem restaurandum adhiberi potest; uid. discr. classium.

E tribus codicibus oiG multis locis codex originarius restitui potest cum lectione priua *curiosius* epod. 17, 17, sicut etiam λ' exhibet. Hic codex originarius inter $\overline{\text{I}}$ et $\overline{\text{II}}$ ordines fluctuabat, nec scio an $\overline{\text{VIII}}$ saeculo fuerit scriptus.

i

i = Florentinus Laurentianus plut. XXXIV 1, membr. saec. $\overline{\text{X}}$ 0,259 × 0,178 m., foliorum 140, 29 lin. in singulis paginis, a Petrarca, qui eum Ian(uae = Genuae) 28. Nou. 1347 emerat, notis adspersus. 'Liber francisci petrarcae laureati qui post obitum eius remaneat penes heredem suum.' Formam uide ap. Chatelain $\overline{\text{I}}$ tab. LXXXVII. fol. 27ᵛ = c. II 20, 7 — III 1, 9. Insunt: Horatii uitae, carm., ars poetica, epodoe, carmen saeculare, epistulae, sermones. i constanter inter $\overline{\text{I}}$ et $\overline{\text{II}}$ ordines fluctuat, uide discr. classium. Lyricas partes contulit Nicolaus Festa, Florentinus, reliqua A. Holder.

In hoc codice multos accusatiuos reperimus in *is* desinentes, ut *calentis, celeris, crinis, fugientis, inanis, lenis, omnis, tygris, uolantis* alios; memoratu dignum est etiam *fulgora* c. II 10, 12. Penitus extirpatae sunt formae in *uōs, uom, quos, quom* et multae aliae, neque inueniuntur *uoltus, uolnus*, alia eiusdem generis.

G (et i′)

Codex i arte cohaeret cum G, ita ut multis locis i′ = i + G construi possit, qui liber saeculi noni fuisse putandus est, uide discr. classium. In carminibus et epodis et arte poetica G saepe ad constituendum II ordinem adhiberi potest, in sermonibus inter II et III ordines fluctuat, in epistulis inter I et III; uide discr. classium.

G = Gronouianus bibliothecae academiae Lugduno-Batauae siue Leidensis F 15 saec. XII—XIII membr. 0,28 ✕ 0,14 m., foliorum 63, binarum columnarum, 26 uers. in singulis columnis. Insunt: uita et expositio metrica, carmina, epodoe, carmen saeculare, ars poetica. Deinde scribitur:

hR. F. EPSTOL. LIB. II. EXPL. INCIP SERMONV I· Secuntur serm. I II. epist. I. II. Ex quo efficitur in codice originario sermones epistulas secutos esse.

Adscripta sunt scholia nullius pretii. G nonnullis locis dictatus est: *missorum* pro *mysorum* epod. 17, 10. *purchrior* c. IIII 4, 65; hic illic apices habet (*uineat* s. II 2, 25); oriundus est exemplo minusculis litteris picto: *cliaria* pro *diaria* epist. I 14, 60. G non est idem, quem Pulmannus Gemblacensem appellauit, nosque in priore editione sigillo G notaueramus. Sane c. I 12, 13 et in Gronouiano et in Gemblacensi peculiaris inuenitur lectio *parentem*; sed in Gronouiano c̄ in eraso *is* scriptum esse apparet, aliisque locis (ut c. III 4, 10. 10, 18. 27, 48 al.) hi ambo codices minime inter se consentiunt.

j

j = codex membraneus seminarii archiepiscopalis Pragensis saec. XI nitide scriptus, 0,210 ✕ 0,132 m., foliorum 48, 42—53 uersuum in singulis paginis; nihil continet nisi artem poeticam, sermones, epistulas, deinde uitam, expositionem metricam, alteram uitam. Intercedente Leone Schneedorfer collega amicissimo factum est, ut domi hunc codicem liceret excerpere.

Diuersis manibus scriptus est a compluribus eiusdem aetatis librariis; sic serm. I 4, 35 in medio uersu a uocibus *parcel amico* altera, sed aequalis manus incipit, atriore atramento usa et maioribus litteris. Scholia uilissimi generis sunt neque cum Porphyrione neque cum aliis scholiis, quotquot nobis adhuc innotuerunt, consentiunt. Fol. 1ᵛ incipit ars poetica; fol. 1ʳ prorsus alia manus fragmentum uitae sanctae Afrae scripsit.

Quae scripta erant non reuisebantur neque errores cum diligentia corrigebantur. Permultae uoces falso diuisae sunt. Absurdissima menda hic illic manserunt, ut *locluples, scrabrum, consuueris, sollitilis, uirtus = uirtusus, fomidine, falendi, disscrepat.*

Quamquam singulae litterae unciales, ut (¬) = m finalis, occurrunt, minusculis litteris exemplar exaratum fuisse infitias ire nemo potest; habemus enim *ſ* pro *f* (*sralrum*), *d* pro *cl* et *cl* pro *d* (*damides* j1, *clume* j1, *clama* j1). Haud scio an pars dictata sit idque in media Germania: unde *plateras* j1, *pleps, epur* j pr., *theanū, fulgi* j1 aut pr. bis, *maistro, traica*. Ad mediam Germaniam spectare uidetur, quod *g* omittitur in *maistro* et *traica* et *ſ* saepius ponitur pro *v* et *pl* pro *bl*.

Notabiles sunt formae *uolgi* j1 serm. I 4, 72, *uacūo* serm. II 3, 10, *haut* epist. I 8, 4 et multi accusatiui in *is* exeuntes, qui saepe aut ab altera manu aut ab ipso scriba in *es* mutati sunt. Est ubi circumflexus inuenitur, ut epist. II 1, 226 *cô* (aduerb.), serm. I 3, 104 *inuenĕre* (ne legatur *in uenĕre*). serm. I 3, 81 *iŭs* (ne interpreteris = *uis*) cf. p. VI.

Quod ad classium indolem attinet, j inter omnes tres ordines fluctuat, utpote qui ortus esse uideatur e codice III ordinis, nonnullis II ordinis uariis lectionibus adsperso et postea ad codicis cuiusdam I ordinis normam satis diligenter correcto et ab omnibus fere III ordinis mendis purgato.

μ

μ = codex Montepessulanus (Montpellier) scholae medicae nr. 425, olim Pithoeanus, membr. 0,202 × 0,152 m., 129 foliorum, 30—35 linearum in singulis paginis; continet uniuersum Horatium: carmina, epodos, carmen saeculare, artem poeticam, epistulas, sermones.

Neumae reperiuntur c. IIII 11, 1—24, quarum imaginem pictam uides in catalogue général des bibliothèques publiques des départements, Paris 1849. t. I p. 454 sqq.

μ, inter tres ordines fluctuans, praesertim in tertium inclinat (ϱRδπ). Pretium habet lectionibus quibusdam secundi ordinis propriis inspersis (uide discriptionem classium et apparatum epist. I 8, 5. 10, 37. 17, 21) et quibusdam rebus q. u. orthographicis, ut *omnis* epist. I 6, 44 et *artis* epist. I 5, 18. 6, 17 in solo μ conseruata sunt.

Ceterum inter haec etiam dubia quaedam deprehendimus ut serm. II 3, 18 *posquam* (in solos μ). *karus* (c. I 36, 5 μ. epist. I 20, 10 μ. c. IIII 13, 14 μ uar. *mixcrit* art. poet. 471 (μ). Nonnullae lectiones medio aeuo audacter excogitatae sunt, ut *sermonibus* (μ uar.) pro *monitoribus* epist. II 2, 154. *proiectus* pro *porrectus* (μ) s. II 3, 112. *ueluti si* (μ) pro *uelut illis* serm. II 8, 94. *quique* pro *quaeque* c. s. 49. *non* pro *num* (μ uar.) c. I 24, 15. *muneris* pro *muneri* (μ uar.) c. IIII 8, 12.

Codicem c iam supra tractauimus p. XVII.

Denique ad restituendum secundum ordinem conferantur schema et discriptio classium; etiam stirps u' bene adhiberi potest, de qua, quia magis ad $\overline{\text{III}}$ ordinem pertinere uidetur, ubi de ordine $\overline{\text{III}}$ agemus, sub finem disseretur.

Ordo $\overline{\text{III}}$.

Hic plerisque codicibus traditus est. In quo numero sunt F$\delta'''\pi$bϵ et maximam partem λ'u$'$Rβ', ergo $\varphi\psi\delta$dz Tπb$\epsilon\lambda$lu v Rβf. Accedunt magnae partes librorum νL r a ζ b k. Duae stirpes discerni possunt: Fλ' et $\delta\pi$u. Constantissime tertii ordinis uestigia premunt $\varphi\psi\delta$dz Tπbϵ. Inter ordines $\overline{\text{II}}$ et $\overline{\text{III}}$ fluctuant λluvk, inter I et $\overline{\text{III}}$ RLr$\nu\alpha\beta$f hζp. Series operum Horatianorum in codice originario (F$\lambda'\delta'''$Rπ'br) eadem erat quae in $\overline{\text{I}}$: carmina, ars poetica, epodi, carmen saeculare, epistulae, sermones.

Hanc classem uel obiter contemplantibus magnus numerus pinguium errorum occurrit, qui non aliter explicari possunt, quam si in codice originario librorum F$\lambda'\delta'''\pi$Ru$'$ haud paucis locis litteras quasdam sumimus euanuisse. Hae partes non adhibito altero eoque meliore exemplari ita mutabantur, ut Latini sermonis species quaedam quamuis uana existeret. Tali ratione eiusmodi mendorum magnus numerus ortus est, qui, si aut rem metricam aut sermonem Latinum aut sententiam spectas, mira conspiciuntur absurditate. Hoc modo pleraeque tertii ordinis peruersae lectiones iudicandae sunt. In solo codicis R exemplari ($=$ R$'$) primi ordinis liber isque bonus ad corrigendos multos locos adhibitus erat, item in libro originali u$'$ iam uetustissimo tempore haud paucae secundi ordinis (Bgm) lectiones uariae insertae sunt; exemplari λ' uero praecipue in carminibus et epodis Mauortianae stirpis (A) lectiones permultas uidemus esse admixtas. Exempli causa liceat afferre hos locos:

carm. I 2, 18 uocis *ultorem* pars nondum poterat legi, unde *uelorum* factum est in F$\lambda'\delta$zTπ, non in Ru$'$.

carm. I 7, 22 ex $\overline{in} = tamen$ ortum erat $\bar{t}$, unde *ter* FδzTπv, non Ru.

carm. I 9, 6 ex *LARGEREPONENS* factum fuerat *LAR-GIRIPOII..S*, unde *largiri potis* FδTπ; neque codicis R$'$ auctor uerba *large reponens* clare legere potuit; itaque R scribit *large repones*.

Nec aliae quidem huius loci uoces in $\overline{\text{III}}$ ordinis codice originario plane ac dilucide legi poterant, ut *ligna*, unde *luna* factum est in FTπ uar., et *deprome,* pro quo *depone* scriptum est in FlδzTπ.

carm. I 27, 14 quia uox *te* parum legi poterat, excidit in Flδzπ, non in Ru'.

carm. I 35, 26 *fugiunt* pro *diffugiunt* scriptum est in Fδzπ (eadem de causa), non in Ru'.

carm. II 5, 20 *gies* pro *gi..es = giges* (*= gyges*) in Fδzπ, non in Ru'.

carm. II 7, 7 ex *coronatus,* quod parum clarum factum erat, contra omnem rationem metricam ortum uidemus *complus* in Fδzπv, non in Ru.

carm. II 13, 23 ex *discr.tas* pro *discriptas* natum est *discretas* in Fλ'zbv, non in Ru.

carm. II 14, 24 ex *ulla* pro *ulla* factum est absurdum *uita* in Fλ'zπ, non in Ru'.

carm. II 15, 10 ex *i.tus* pro *ictus* factum est *itus* in Fλ' uar. zu1(?), non in R (δ deficit).

carm. II 17, 25 *alus* aut omnino oblituerat aut parum dilucidum factum erat in codice originario librorum FδzπRb. Inde in Fδ *tc* natum est, ex $\overline{tc}$ = *tunc* (b); Rπ corr. z1 Ac. exhibent $t\overline{\overline{tc}}$ $tt\overline{\overline{u}}$ *tum.* Ordinis tertii igitur auctor *tü* aut *tc* scripsisse uideatur.

carm. III 9, 8 *ilia* obscurius factum erat, unde *illa* lπ (etiam r), *ulla* Fδzϱ.

carm. III 10, 6 in *satu* litterae *a* prima pars oblituerat, unde *situm* FδzLu'α', non R.[1])

carm. III 14, 8 *uitta*: *ui.ta*, *uitta* λ'R (etiam Lr), *tuta* F$\pi\varrho$p.

carm. III 19, 27 uocis *rhode* nihil nisi *.ho.e* legi poterat, unde aliquis coniecit *chloe,* ut legimus in Fδzπu', non in R.

carm. IIII 5, 13 *omnibus* pro *ominibus* (*om.nibus*) FlδzTπu', non R.

carm. IIII 5, 18 *nutritura* pro *nutrit rura* (*nutrit..ura*) FδzTπ, non Ru'.

carm. IIII 6, 17 *captis* exciderat, quia fortasse euanuerat, quare omissum uidemus in FδzTπ, etiam in b$\mu\varrho$p et in exemplari u', non in R.

carm. IIII 8, 25 *aequum* pro *aecum* (*ae.cum* ex *aeacum*) FδzTπ uar., etiam Lrbϱp, non Ru'.

carm. IIII 12, 11 archetypus *delectantque,* unde primum *delectant.e,* deinde *delectante* πu', tum per prauam emendationem *delectantem* FδzTϱb; R deficit.

epod. 1, 21 *ut sit auxilii* (*ut...sit auxilii*) pro *ut adsit auxilii* uel *auxili* FδzπRu'.

---

1) Haec quidem lectio aliter quoque explicari potest, itemque quod modo memorauimus *discretas.*

PRAEFATIO. XLIX

epod. 1, 29 *tangens* pro *candens* ex *can.ens*, unciali *c* male intellecta tamquam *c* esset: Fδ´R et b.

epod. 11, 21 ex *ět heu* parum claro *heu* factum fuerat (Rπ); ex quo Ffπ corr. fecerunt *eheu*.

epod. 13, 9 ex *cyllenia* uel *cyllenea* facta sunt *cyllen.a*, *cyllena* Fδ´´πuR2.

epod. 14, 3 ex *ut si* factum est *ut.i*, *uti*: Fδ´´Ru, etiam bβf, similiter v.

carm. saec. 51 ex *impetret* factum est *imperet* in Fδ´´Ru1.

serm. I 2, 12 in *fufidius* una linea transuersa oblituerat, unde ortum est scriptura unciali *fufidius* in Fλ´δ´´πu´, non in R.

serm. I 3, 92 *ante me* pro *ante mea* in Fλ´z, etiam in β´´μ Pph., non in Ru´.

serm. II 2, 99 *trausius* pro *trausius* (*trau.ius*) FlzPph. Porph., etiam νGζ, non Ru; *trauslius* v.

serm. II 3, 96 *contraxerit* pro *construxerit* ex *con.truxerit*: Fλ´ β´νvb; Rδ´´πu desunt.

serm. II 3, 142 *opimus* pro *opimius* (*opim.us*) Fλ´gPph´. (plerique codices meliores deficiunt).

serm. II 4, 60 *illis* pro *hillis* (*.illis*) Fλ´G; item epist. I 6, 9 *is* pro *his* Fλ´δzj.

epist. I 16, 59 pro *clare clare* semel *clare* habent Fλ´zRπ´b.

epist. I 17, 28 *ioca* pro *loca* Fλ´Rπr; item a. p. *iocis* pro *locis* Fλ´δzπu; *Iocis* R.

epist. I 18, 45 uerba *quotiensque educet* parum aperta ad legendum erant; itaque *quotiensque educit* Fz, *quotiensque ducit* π´, ac per coniecturam *quotiens quoque ducit* λ´. Etiam v scribit *educit*.

epist. I 19, 13 ex *textore* factum est *ex.ore* (*textore*) in Fλ´ zeπ´bβ; *extore* R1.

epist. II 1, 27 ex *dictitet* factum est *dicit et* Rπε, unde *euasit dicat et* Fλ´dz.

epist. II 1, 226 ex $\overline{EOREUENTURA}$ factum est $\overline{FORE}$-UENTURA (*forem uenturam* stirps Rπ), deinde *fore uenturum*, *fore uenturum*, tum *item fore uenturum* (Fλ´z), inserta uoce expletiua *item*, ut epist. II 1, 46 in Fλ´dz.

Ex hoc loco apparet codicem archetypum $\overline{III}$ ordinis, qui ante Priscianum scriptus erat (uid. Epileg. ad carm. III 17, 4), litteris capitalibus exaratum fuisse; nisi quod pro V scribebatur U: id quod demonstratur lectione *tmuf* pro *unuf* in Fλ´zr ut uid.

a. poet. 111 etiam *et certi* (Fλ´zTRπb1) pro *effert*, ex *etcert.* facillime explicatur, si scripturam capitalem sumimus: ETCERTI ex EFFERT.

a. p. 154 *plus oris et plusoris* in Fλ´δzTπb ortum est ex *plausoris* (*pl.usoris*).

a. p. 349 ex REMITTIT factum est REMUTIT (Fδ), oblitterata linea horizontali primae T; deinde λ´ ex *remutit* fecit *remuttit*.

Praeter eiusmodi locos, quibus ex iis litteris, quae parum dinosci poterant, falsae emendationes originem duxisse credendae sunt, magnus etiam earum mutationum reperitur numerus, quas glossematicas uocamus uel grammaticas; uide Epilegomena ad locos laudatos.

    carm. II 13, 8 *colchica* pro *colcha* Flzπ´u´, non R.
    carm. II 13, 23 *discretas* pro *discriptas* Fλ´zbv, non Ru.[1])
    carm. II 20, 3 *in terra* pro *in terris* Fδzπ´u´, non R.
    carm. III 5, 53 *clientium* pro *clientum* Fλ´δzπ´ϱb, non Ru´.
    carm. III 9, 5 *aliam* pro *alia* lδzϱbu´g, non R.
    carm. III 9, 21 *quamuis* pro *quamquam* Fδzπ´ϱbu´, non R.
    carm. IIII 12, 16 *mereberis* pro *merebere* FδzTπϱbu´; R deficit.

    epod. 6, 3. 4 *quin ... uerte ... et ... pete* pro *quin ... ueritis ... et ... petis* Fδzbu´, non R.
    epod. 6, 15 *oppetiuerit* pro *petiuerit* Fδπ´b, non Ru´.
    epod. 9, 9 *uincula* pro *uincla* Fλ´δp, etiam R.
    epod. 17, 17 *circe* pro *circa* (uide gloss. *I'*) FlTu´a´ consent. δ"π, non R.

    epist. I 7, 93 *dicere nomen* pro *ponere nomen* Fλ´δzπ´bvR vεGm.
    epist. II 2, 22 *ueniret* pro *rediret* (uid. gloss. *I'*) in Fλ´vα, non R.

Longe plurimum ualebant glossae *Γ*, quae in codice admodum pretioso (Fλ´v) ad marginem scriptae fuisse putandae sunt. Cuius rei testis est codex *ε*, qui glossas *Γ* continet et cuius adhuc seruata nota scholiastae *ħ* in arte poetica in ipsum nomen *telephus* incidit ita, ut inde *thelephus* extiterit in FlβLσ.

In multorum huius ordinis codicum textum etiam famosa illa et magna interpolatio (octo uersuum ante serm. I 10) inrepsit, quae nihil aliud est quam γλώσσημα, uiri docti cuiusdam supplementum audacissimum, quod addendum censuit propter uocabulum *Nempe* u. 1.

Quid quod etiam eiusmodi lectionum uariarum, quales in omnibus fere codicibus et apud omnes scriptores redire solent, quasque nos dicere solemus mutuas (Wechselvarianten), in tertio ordine ingentem deprehendimus farraginem, ut carm. I 5, 14 *humida* pro *uuida* (etiam Porph.). carm. II 3, 28 *exitium* pro *exilium*. c. II 6, 22 *ubi* pro *ibi*. carm. II 17, 19 *letalis horae* pro *natalis horae*. carm. III 4, 31 *arentis* uel *arentes* pro *urentis*. carm. III 5, 51

---

1) Nisi aliam praeters interpretationem, cf. quae modo de hac lectione exposuimus.

amicos pro *propinquos*. carm. III 10, 6 *situm* pro *satum*. carm. III 13, 16 *nymphae* pro *lymphae* (etiam Porph.). epod. 2, 25 *riuis* pro *ripis*. epod. 6, 2 *aduersus* pro *aduersum*. serm. I 1, 38 *sapiens* pro *patiens*. serm. I 2, 127 *metuo* pro *uereor*. serm. I 3, 34 *sub pectore* pro *sub corpore*. serm. I 9, 16 *prosequar* pro *persequar*. serm. I 10, 7 *deducere* pro *diducere*. serm. II 1, 4 *diduci* pro *deduci*.[1]) Omnibus his locis codex R ueriorem praebet lectionem, itaque, siquis in tertii ordinis archetypo haec menda fuisse neget, a uero non procul abesse uideatur.

Quamquam etiam ipse codex R (aduersante ordine primo), cum ceteris nonnullos eius generis errores exhibet, unde efficitur eos ad archetypum tertii ordinis esse referendos, ut carm. III 14, 7 *cari* pro *clari* in Fδzπϱ Pph.R, adscripta uaria lectione *clari* in φπδz. epod. 16, 48 *nympha* pro *lympha* in Fδ"bRL. epod. 17, 5 *defixa* pro *refixa* in Fλ'δ"πbu'R. serm. I 5, 1 *excepit* pro *accepit* Fλ'zu'ν consent. R. epist. I 2, 4 *plenius* pro *planius* Fλ'δzπbνRrεG. epist. I 19, 47 *ille* pro *iste* Fλ'δzπνgνR. epist. II 1, 153 *lex . . . nata* pro *lex . . . luta* Fλ'dzπεGR. epist. II 2, 11 *excludere* pro *extrudere* Fλ'dzπbRεG. a. p. 203 *paruo* pro *pauco* Fλ'δzTbR. a. p. 319 *iocis* pro *locis* Fλ'δzTu'R. Quo fortasse accedit *arto* pro *alto* c. III 12, 11 in Fλ'δzπϱbu'R.

Inprimis eae lectiones uariae, quae etiam in Ru' occurrunt, ut *defixa, excepit, iocis*, sine dubio ei codici, quem antiquissimum restituere possumus tertii ordinis, uidentur attribuendae esse. Huius generis sunt etiam *pardus* pro *pagus* (c. III 18, 12), quae lectio secundum ueteris testamenti locum ficta est (Isai. 11, 6), in Fπϱ bu'Rδ uar. z uar. et serm. I 4, 110 *barus (barrus* u) pro *baius* Fλ'z Rgβ' cons. Lu.

serm. I 4, 30 *patet* pro *tepet* in Fλ'zuRν a maiuscula scriptura repetendum uidetur mendum, sane dignum quod rideatur; item a. p. 402 *pyrccus* (Fδπν) et *dyrteus* (R1) pro *tyrtaeus*.

Verum paene omnes illae absurdae, ne dicam pueriles, emendationes ac menda stupida, quibus tertii ordinis codices scatent, nondum occurrunt in codice R. Liceat afferre aliquot exempla, ubi plurimi uetustiorum tertii ordinis codicum (non solum stirpis Fλ') mendosas lectiones exhibent, quae non leguntur in cod. R: c. I 12, 36 *lectum* pro *letum* in Fδπ; hic R habet *litum*, unde efficitur in codice originali *LETUM* scriptum fuisse, idest *LETUM* deleta parte litterae *E*, fortasse ita ut oblitterata media exigua lineola appareret uox *LITUM* indeque scriba quidam insipidam lectionem *lectum* faceret. carm. II 13, 38 *somno* pro *sono* Fλ'zL rbhu. c. III 14, 8 *tuta* Fπϱp et gloss. Fλ pro *uita* (uide p. XLVIII). c. III 20, 3 *post paulum* pro *post paulo* Fδzπ'ϱbνgphr. carm. saec. 23 *potiens* pro *totiens*. serm. I 3, 29 *actus* pro *aptus*. serm.

---

1) Quod quidem etiam ex deleta litterae E parte explicari potest.

I 3, 65 *modestus* pro *molestus*. serm. I 8, 12 *ciprus (cyprus)* pro *cippus*. serm. I 9, 13 *ficos* pro *uicos*. serm. II 2, 128 *instituistis* pro *nituistis* (R deficit). serm. II 3, 21 *faber* pro *uafer* (R deficit). serm. II 3, 30 *modicum* pro *medicum* (R deficit). epist. I 1, 6 *exornet* pro *exoret*. epist. I 11, 7 *glabiis* pro *gabiis*. epist. I 15, 9 *glabios* pro *gabios*. epist. I 15, 45 *alio* pro *aio*. epist. I 15, 46 *uallis* pro *uillis*. epist. I 19, 23 *patrios* pro *parios*. epist. II 1, 159 *pepererc* pro *pepulere*. a. p. 18 *fluuius* pro *pluuius*. a. p. 20 *expers* pro *expes*. a. p. 43 *aut* pro *ut*. a. p. 55 *uaro* pro *uario*.

Absurdi constructionis errores sunt hi: c. II 16, 13 *paterno* pro *paternum* (non R). c. IIII 4, 65 *mersae* pro *merses* (non R). epod. 9, 25 *africano* pro *africanum* (non R). serm. II 2, 114 *metatū* pro *metato* (R deficit). serm. II 3, 286 *uolgo* pro *uolgus* (R deficit).

Neglegentioris scribae repetitiones hic illic occurrunt ut *regibus* pro *rectius* epist. I 17, 19 (non R). *urget* pro *angit* serm. II 3, 39 (R deficit). *insanit* (etiam R) pro *insanus* serm. I 4, 49 (ex u. 24). serm. I 2, 99 *nam te* pro *palla* (in R nec *nam te* nec *palla* inuenitur).

Posteriorum temporum uolgarisque sermonis formae in III ordine frequentes sunt, sed plerumque aduersante codice R: c. I 21, 3 *suppremo* uel *subpremo* pro *supremo* (non R). carm. I 37, 5 *antehanc* pro *antehac* (non R). carm. III 6, 36 *annibalem* (non R). carm. IIII 9, 25 *agamennona* (non R). serm. I 1, 105 *beselli* pro *uiselli* (non R). serm. I 2, 27 et I 4, 92 *gorgonius* pro *gargonius* (non R) (uide grammatische Aufsätze 247). epist. I 16, 2 *herum* pro *erum* (non R). a. p. 334 *iocunda* pro *iucunda* (non R).

Accedunt antiquissimorum III ordinis codicum metrici errores permulti, quorum ut maxima pars in R non inuenitur, ita nonnulli etiam in hoc codice occurrunt, ut c. III 16, 4 *adulteriis* pro *ab adulteris*. c. IIII 5, 13 *omnibus* pro *ominibus*. epod. 1, 21 *ut sit auxilii* pro *ut adsit auxili*. epod. 9, 9 *uincula* pro *uincla*. epod. 11, 17 *nihil* pro *nil*. epod. 15, 12 *uīrīum* pro *uĭrī*. epist. II 1, 92 *tĕnĕretque* pro *tĕrēretque*. a. p. 400 *honos* pro *honŏr*. Sed multo maior pars in R non reperitur: c. I 4, 20 *omnēs* pro *omnĭs*. c. I 5, 11—16 uersus falso diuisi. c. I 7, 7 *olĕam* pro *olĭuam*. c. I 7, 22 *ter* pro *tamen*. c. I 10, 17 *animas lactis* pro *lactis animas*. c. II 5, 20 *gīes* pro *gȳges*. c. II 7, 7 *complus* pro *coronatus*. c. II 7, 14 *sustulit ab aere* pro *sustulit aere*. c. II 13, 38 *somno* pro *sono*. III 13, 11 *fessos sub uomere* pro *fessos uomere*. III 19, 11 *munere* pro *murenae*. III 19, 14 *ter noster attonitus cyathos petet* pro *ternos ter cyathos attonitus petet*. IIII 8, 25 *aequum* pro *aeacum*. IIII 12, 11 *delectantem* pro *delectantque*. IIII 13, 22 *breuis* ad sequentem uersum traductum. epod. 2, 18 *extulit agris* pro *agris extulit* (λ'δzπ). epod. 5, 11 *haec et trementi* pro *haec trementi*. epod. 5, 21 *colchos* pro *iolcos*. epod. 5, 34 *inmĕmŏrī* pro *ĭnĕmŏrī*. epod. 5, 57 *quo omnes* pro *quod omnes*. epod. 6, 3 *uertē minas* pro *uertis minas.* serm. I 3, 92 *ante me* pro *ante mea.* epist. I 18, 45 *quotiensque ducit* pro *quotiensque educit.*

Hanc paene immensam stolidorum mendorum seriem contemplans miraris fortasse, cur tam deprauatum codicum ordinem non prorsus praeterierimus. At inter omnes uiros doctos, qui usque ad hunc diem apparatum nostrum excerpserunt, ne unus quidem tertium ordinem omnino omittere ausus est, nec Gow nec Spontini nec Wilkins nec alii. Quamquam enim, si cum primo et secundo ordine eum comparamus, mendosarum lectionum longe maximo foedatus est numero, tamen haud paruus est eorum locorum numerus, ubi hoc ipsum librorum genus ueram Horati lectionem seruauit, primus autem ordo et secundus nos fallunt, uide in discriptione classium carm. I 7, 27. 32, 1. 35, 17. II 11, 24. III 1, 44. 2, 22. 15, 8. 24, 4. 25, 17. 27, 55. epod. 9, 1 al. Inprimis etiam multa eiusmodi, quae ad orthographiam q. u. attinent, eaque certissima solis tertii ordinis codicibus seruata sunt, ut carm. I 2, 13 *flauom.* 2, 26 *imperi.* 40 *uoltus* (F solus). 9, 21 *intumo.* 27, 5 *acinaces.* II 11, 11 *uoltu.* 13, 32 *uolgus.* 16, 40 *uolgus.* III 3, 3 *uoltus.* 4, 59 *uolcanus.* 5, 44 *uoltum.* 22, 7 *obliquom.* 25, 14 *naiadum,* non *naidum.* IIII 5, 6 *uoltus.* 9, 43 *uoltu.* serm. I 5, 45 *proxuma.* 9, 54 *proxumus.* 10, 19 *caluom.* 51 *quaeso.* item s. II 3, 183. serm. II 6, 33 *uentumst* (F1 solus). epist. I 6, 39 *mancupiis.* epist. I 15, 41 *uolua.* epist. I 18, 28 *uolt.* epist. I 18, 29 *paruola.* a. p. 187 *procne.* a. p. 197 *timentis.* a. p. 348 *uolt.* a. p. 447 *transuorso.*

Omnes hi loci eiusmodi sunt, ut de lectionum solo III ordine traditarum ueritate uix possit dubitari. Praeterea uero extat quaedam Horatianorum carminum pars, ubi ad contextum restituendum tertii ordinis propriae lectiones maximi momenti sunt, sub finem inquam sermonum, ubi optimorum codicum magnus numerus omnino non extat: serm. II 7, 97 F solus cum g et Pph. *pacideiani,* unice ueram lectionem, exhibet, non *placideiani:* deficiunt codices BC(B') Aa(A')DRπδ' alii. Hic rerum status iam a s. II 3 incipere uidetur. serm. II 3, 1 Fλ' recte habent *scribis,* non *scribes;* serm. II 3, 28 *emouit* Fλ', non *et mouit;* serm. II 3, 50 *utrique* Fλ', non *utrisque;* serm. II 3, 114 *nescatur* Fλ', non *uexatur* uel *pascatur;* serm. II 3, 140 *electran,* non *electram;* serm. II 3, 183 *et* Fλ', non *aut;* serm. II 3, 235 *uerris* fortasse uerum Fλ1 uar. bνj, non *uellis;* serm. II 3, 291 *mane* Fλ'ν Pph., non *magne;* serm. II 4, 18 *responset* Fλv, non *responsat* uel *respondet;* serm. II 8, 4 *du* Fλzv, non *dic,* alia.

Itaque non admodum raris locis solus uerum exhibet ordo tertius; sed multo crebriores sunt ii loci, ubi inde, quod tertius ordo aut cum primo aut cum secundo consentit, inter duas lectiones dinoscimus ueriorem, uide discriptionem classium.

Hominem illum doctum, qui iam ante medium aeuum quasi auctor tertii ordinis extitit, antiquarum formarum fuisse uidemus studiosissimum, sicut etiam Porphyrion fuerat, cuius lectiones proxime ad tertium ordinem accedunt. Attamen hunc scholiastam ipsum non est quod huius ordinis redactorem nuncupemus, nam, quod est maximum tertii ordinis κριτήριον, magna illa ante s. I 10 interpolatio, a Porphyrione originem non ducit, siquidem illi octo uersus in Porphyrionis scholiis non reperiuntur. Haec interpolatio autem alio tempore excogitari non poterat, nisi cum iam in eo esset, ut prosodiae scientia collaberetur; nam optimi testes mendum exhibent prosodiacum quod mea quidem sententia per emendationem tollere non licet. Congruere mihi uidetur quod a. p. 400 in tertio ordine intolerabile deprehendimus *honōs*, cum c. s. 57 recte traditum sit *honōs*. Huc trahere placet etiam c. III 17, 4 *fastūs* (pro *fastos*), quam quidem iam Priscianus Horatianam uariam lectionem testatur (uide testim. c. III 17, 4). Hoc et *honōs* in R quoque inueniuntur. Non extant in R, sed ab antiquo tertii ordinis codice archaizante q. u. oriundae sunt lectiones c. I 7, 2 *epheson* pro *ephesum*, c. I 31, 18 *letoe* pro *latoe;* c. III 17, 13 *potis* pro *potes;* c. III 23, 9 *alcido* pro *algido;* c. III 25, 16 *fraxinūs* pro *fraxinos* (non Porph.); c. III 28, 14 *paphon* pro *paphum;* c. III 18, 7 et serm. II 4, 80 *ercterrae* (etiam Porph.); serm. I 8, 48 *caliandrum* pro *caliendrum* (etiam Porph.); fortasse etiam *inquoquere* (Fλf) s. II 8, 52.

Idem ille redactor, quem ante medium aeuum uixisse sumimus, supplementi instar ante *Nempe* serm. I 10, 1 octo istos uersus e coniectura adscripsit, qui postea a scribis quibusdam in textum recepti sunt. Idem inuenisse uidetur inscriptiones codicum Fλ', ut c. III 24: *licet omnia facias, moriundum est;* ubi notabilis est archaizans q. d. forma *moriundum*.

Libro utebatur prorsus alio atque eo, unde $\bar{\mathrm{I}}$ et $\bar{\mathrm{II}}$ fluxerunt ordines. Itaque interdum dubitari potest, an uerum habuerit liber tertii ordinis originalis, idque iis potissimum locis, ubi etiam R cum hoc ordine facit, ut c. III 12, 11 *arto — alto*. Sed quantumuis R ualeat, tamen, quia inter $\bar{\mathrm{I}}$ et $\bar{\mathrm{III}}$ ordinem fluctuat, prius eas stirpes memoremus oportet, quae constanter ad III ordinem pertinent, primoque loco eam, quae plurimas monachorum retractationes perpessa est, familiam dico Fλ' = codices φψλl; F est = φψ.

φ

φ = codex Parisinus membr. bibliothecae nationalis 7974 saec. $\bar{\mathrm{X}}$ in., Puteanus, olim Remensis (Rheims). fol. 1ʳ scribitur: *Liber Sancti Remigii Rhemensis*, LXIII. et fol. 45ᵛ 46ʳ iterum: *Liber Sc̄i Remigii | Francorum apti*. Codex fratribus Dupuy dono datus erat a Dionysio Gothofredo (Godefroy) med. dr. (nato a. 1549, † 1621). Est 0,33 × 0,25 m., 163 foliorum, 26—27 linearum in singulis columnis. Horati opera cum glossis Fλ continet; scriptorum ordo hic est: uita Hor. ('*Horatius poeta lyricus*' etc.), carm., a. p., epod., c. s., epist., serm., uita Hor. ('*Q. Horatius Flaccus libertino patre natus*' etc.), expositio metrica ('*decem et nouem tantum*' etc.).

Scripturae imaginem habes apud Chatelain I tab. LXXXIV = fol. 31ʳ = c. II 20.

φ nitide exaratus est, sed a monacho parum erudito. Qui quanta fide exemplar descripserit, cum aliis locis intellegitur, tum carm. IIII 15, 5: *re tulit* φ = *re//tulit* = *rettulit,* et carm. III 11, 37 *mar to* = *mar. to* = *marito,* euanida facta *i* in exemplari. Codex ψ ex eodem exemplari descripsit *retulit* et *marto.*

ψ

ψ = codex Paris. membr. 7971 saec. X in. olim Remensis. Abbatiae Floriaco ad Ligerim ab Herberto († 992), Gerberti in schola Remensi discipulo, dono datus est. Fol. 3ʳ litteris maiusculis scriptum est:

> *Hic liber est Benedicte tuus uenerande per aevum*
> *Obtulit Herbertus. Seruus et ipse tuus*
> *Quem tibi scc pater tali pro munere poscens*
> *Liber in* [sic] *aeternam possideat* [?] *patriam.*

In tegumenti folio legimus: *Iste liber est Sci flien'* (?) *fcl* (?) *F .. ac. (= Rem⟨igii⟩ apt i Francorum). quicūq, cum furatus fuerit. ut sustraxit. anathema sit.* Altera pagina tegumenti legitur:

Constancius malus puer siue bonus liber sci Benedicti abbatis monasterii floriacensis quem siquis furatus fuerit damnatus sit cum iuda proditore anna et et [sic] *caipha.*

Codex ψ Remis Floriacum ad Ligerim delatus est; inde Bliaudifontem (Fontainebleau), ubi signatus erat DCCCCLXXXII; ibi iterum conligatus et insignibus ornatus, regnante Carolo IX († 1574); quo spectant duae C (CC); postea Bliaudifonte Parisios uenit, ubi nunc in bibliotheca nationali seruatur; est 0,24 × 0,185 m., foliorum 221, linearum 19 in singulis paginis; continentur uita, carmina, ars poetica, epodoe, carmen saeculare, epistulae, sermones, exp. metr., uita. Expositionem metricam edidit et a Seruio confectam esse dixit Heinricus Keil (gramm. Lat. IV p. 468—472).

Adscriptae sunt glossae Fλ. Imagines codicis habes apud Champollion, paléogr. des classiques latins (1837) tab. 5 = c. I 1, 1—19, et apud Chatelain I tab. LXXXIII = fol. 42ᵛ = carm. II 20, 11—III 1, 4.

F

Codices φ et ψ per totum Horatium paene ad singulas uoces et litteras inter se consentiunt, ita ut codex F (Remensis) = φψ facillime restitui possit, quem illo scripturae genere, quod semunciale uocant, exaratum fuisse compluribus indiciis probatur: uelut in exeuntibus uocabulis librarius syllabam *us* signo ' reddere solebat (c. II 4, 23 *cui* pro *cui'* in Fl) et ƒ confundebat cum ſ (c. II 4, 14 *philli difflauae* F pro *phillidis flauae*).

Fλ'

Proxima adfinitas intercedit inter F et λ' (= λl)[1]) exceptis iis locis, ubi λ' cum Mauortianis libris facit. Inscriptiones quoque eaedem esse solent, nec minus singularium lectionum magna copia ut c. I 7, 25 *parentes* pro *parente* Fl, c. II 4, 23 *cui* pro *cuius* Fl, c. II 13, 8 *colchica* Fl, c. II 13, 38 *somno* pro *sono* Fλ', c. III 7, 20 *mouet* pro *monet* Fl, serm. I 3, 35 *insederit* Fλ'β', serm. I 4, 54 *uerbum* pro *uerbis* Fλ', serm. I 5, 45 *proxuma* Fλ', serm. I 6, 96 *si* pro *sibi* Fλ', serm. I 8, 1 *dignum* pro *lignum* Fλ', s. I 10 init. magna interpolatio, serm. I 10, 19 *culuom* Fλ', serm. I 10, 75 *milibus* pro *uilibus* (ψλ'f), serm. II 2, 13 *cedentem mera* pro *cedentem acra* Fl, serm. II 3, 224. 247. 266. II 4, 60. epist. I 7, 86. II 2, 49. 86 multa alia, uide discriptionem classium et editionum nostrarum apparatum criticum.

Praesertim menda absurdiora qualia *parentes, cui, somno, uerbum, olet* pro *olci* (serm. II 2, 59), *philippis* pro *philippi* (epist. II 2, 49) et posterioris aeui formae quales epist. II 2, 86 *connectere* artissimam codicum F et λ' adfinitatem euincunt. Firmissimum quoddam huius rei argumentum iam in describendo cod. λ commemorauimus: epist. I 11, 13 enim λ habet *fŭrnos*. Hic littera *y* sensu prorsus caret; in φ uero est nota ad scholia pertinens; ex uno eodemque igitur libro isdem scholiis resperso ambo codices φλ descriptos esse nemo non uidet.

Haec prima antiquissimorum tertii ordinis codicum stirps eam ob rem magni aestimanda est, quod et uetustissima est et fere sine lacuna per totum Horatium porrigitur.

Septimo uel octauo saeculo libros λ' et F, librum originalem codicum Fλ' fortasse circiter anno 600 p. Ch. scriptum putamus; interpolatio uero illa (ante serm. I 10, 1), Ausoniana (c. 350) ni fallor aetate excogitata, iam ante saeculum sextum margini adscripta esse et paulatim in ipsum textum Horatianum inrepsisse uideatur. Extant isti octo uersus in Fλ (l deficit), etiam in ψμqβ'', non in RLr (π deficit) aut z (δd deficiunt) neque in u. Stirpes δ igitur et Rπ interpolatione carebant. De stirpe u' in dubio sumus; aut omnino non habuit interpolationem (ut u) aut uersus in margine positi erant.

Denique stirpem Fλ', quamquam peruersis lectionibus abundat et praesertim F solus stultissimis mendis conspicuus est, ut serm. I 1, 43 *conminuas* pro *comminuas*, serm. II 4, 1 *habenti* pro *auenti*,

---

1) Vide supra p. XLVII sqq.

s. II 6, 72 *nēc lēnē pōst* pro *nēcnē lĕpōs*, a. p. 233 *propteruis* pro *prŏteruis*, tamen non modo non prorsus contemnere licet, sed etiam, sicut supra demonstrauimus, in una parte Horati permagni pretii est: inde a serm. II 3, unde paene omnes libri ueteres deficere incipiunt.

Fürstenbergensis.

E posteriorum temporum codicibus ad hanc stirpem pertinet Fürstenbergensis, membr. saec. XIII, 40 linearum in singulis paginis. Totum Horatium continet: carmina, epodos, carmen saeculare, artem poeticam, epistulas, sermones. Et tituli et pleraeque lectiones cum Fλ' concinunt; etiam isti uersus interpolati ante serm. I 10 in textu leguntur; epist. I 18 u. 91 quoque in textu apparet; uide Ioh. Kelle, klass. Handschriften in Prager Bibliotheken p. 15 sq.

δ'''

Altera tertii ordinis stirps constat ex codicibus δ'''ε. Quorum antiquissimi δdε admodum manci sunt, maxime εd.

Ex libris δdzT(uric.) per breue spatium restitui potest δ''', certo unus ex antiquissimis omnium codicum Horatianorum, quotquot ad hanc aetatem innotuerunt. δ' ipsum = δ + d saeculo $\overline{\text{VII}}$ ortus esse uidetur, δ''' (δ + d + z + Turic.) autem saeculo $\overline{\text{V}}$ uel $\overline{\text{VI}}$. Quod quidem exemplar in sancti Symphoriani monasterio apud Mediomatricos minimum ter descriptum est, unde nati sunt codices δ, d, z.

δ

δ = codex Harleianus 2725 Londini in museo Britannico adseruatus; olim fuit Ioannis Georgii Graeuii, professoris Ultraiectensis, discipuli Io. Friderici Gronouii.

Bentleius hunc codicem Graeuianum appellat eique quam plurimum confidebat, utpote antiquissimo Horatianorum qui ipsi innotuerant codicum. Saepe eius lectiones laudat, sed nonnumquam falsas; ac ne Broukhusius quidem, cuius conlatione ad carmina a. 1864 edenda usi sumus, eam diligentiam adhibuerat, quae nunc non immerito requiritur, sed cum alia peccauit, tum inde a c. II 13, 5 usque 16, 19 supplementum saeculo $\overline{\text{XIII}}$ scriptum pro genuina codicis parte habuit.

Imagines codicis reperies in 'catalogue of ancient manuscripts in the British Museum', part 2, Latin. London 1884 tab. 60 = c. II 4, 15—5, 16 et apud Chatelain I tab. LXXXIII = fol. 80ᵛ = epod. 17, 74 — carm. saec. 17. Est 0,24 × 0,20 m. foliorum 97, uersuum 27. Scriptus circa annum 850 uetustissimis Horatianis libris est adnumerandus. Continetur Horatius cum glossis Fλ: uita, carmina, ars poetica, epodoe, carmen saeculare, epist.

serm. I 1, 1—2, 113. Codex admodum mancus est. Desunt enim c. II 13, 5—16, 19. serm. I 2, 114—II 8, 95. epist. I 8, 8—II 2, 19. Graeuius librum δ Coloniae a bibliopola quodam emit (cf. Bentlei epistol. ed. Friedemann p. 115).

δ recta uia fluxit e libro semuncialibus litteris exarato: unde *demens* pro *clemens* (δz) c. III 11, 46; *adanteus* pro *atlanteus* (δ) c. I 34, 11. Saepe praepositiones cum nominibus coaluerunt. Reperiuntur nonnullae N. Etiam compendium u̧ = us dignum est quod memoretur.

Complures huius familiae codices, praesertim δ et z, ad $\bar{\text{I}}$ ordinis quendam codicem constanter correcti sunt. Is corrector (δ'2 = δ2 + z2) ueteres formas, ut accusatiuos in *is* exeuntes, funditus delere studebat. Lectiones δ'2 uel δ2 uel z2 sunt ordinis primi, cf. quae supra p. XIII exposuimus.

d

Proxime codici δ cognatus et aetate paene par est codex d, multo quidem magis mancus, quam δ. d = Harleianus 2688 = nr. 30 catalogi Graeuiani, scriptus c. a. 900; 24 foliorum 0,319 × 0,256 m., 28 linearum in singulis paginis; imaginem uides apud Chatelain $\bar{\text{I}}$ tab. LXXXVIII = fol. 29 = epod. 17, 74 — carm. saec. 17. Continet nihil nisi epod. 8, 12—17, 81. carm. saec. epist. I 1, 1—102. 18, 47—II 2, 216. serm. I 1, 1—2, 65. Prorsus igitur deficiunt carmina et ars poetica et serm. liber secundus. Magna illa quae inter epist. I 1, 102 et 18, 47 conspicitur lacuna iam in ipso codicis d exemplari fuisse putanda est; nam post epist. I 1, 102 in eadem pagina (fol. 32ʳ) sine hiatu epist. I 18, 47 sqq. secuntur, ibidemque in margine antiqua, sed altera manu scriptum est: *Quod deest quere in prima t.... a p̄tore dati rerum tutela m.... quod sequitur pone in. b. īq.... hunc uerū scriptum....* Cum diuersis aliis Latinorum auctorum fragmentis saec. $\overline{\text{VIIII}}$—$\overline{\text{XI}}$ exaratis in unum uolumen conligatum esse constat per Wanleium. Alterius manus correcturas continet paene nullas, in hoc quidem abhorrens a libris δz. d ex δ descriptus esse nequit, quia in titulo quintae decimae epodi d *S* habet, δ *I;* illa autem unice uera est scriptura nec quisquam eam emendationem consulto factam esse contendere potest. Nec magis δ ex d descriptus esse potest, quia epod. 14 d in titulo exhibet *L*, quod quidem est falsum, δ recte *I*, quamquam codicis δ librarius earum litterarum quas hic descripsit minime intellexit sensum. Ergo nec d ex δ, nec δ ex d descriptum, sed utrumque codicem alterius tamquam fratrem habendum esse constat. Etiam d et δ saepenumero maiorem *N* inter ceteras minusculas quas dicunt litteras scribit et praepositionem et nomen in unam uocem conglutinat, cf. serm. I 1, 31: *feneſ ut inotia tuta recedaN*. carm. saec. 58 d solus ueram lectionem *neclecta* seruauit,

PRAEFATIO. LIX

item epist. II 1, 265 *uoltu* (non *uultu*) in solis dzε inuenitur. Digna est etiam quae memoretur scriptura *alió* epod. 15, 23 (= aduerb.) in d.

z

z = Vossianus 21, saec. XII, cod. Leidensis 'ex Bibliotheca Viri Illust. Isaaci Vossii. 166', Bentlei Vossianus, oriundus e coenobio sancti Symphoriani Mediomatricensis, scriptus saeculo XII. *LIBER SCI SYMPHORIANI MR.* // *SI QVIS EVM ABSTVLERIT* // *ANETHEMA SIT*. Miniatoris quoque nomen comperimus ad c. IIII 13 in. (fol. 51ʳ): '*Constantin' Mettensis*'.

Genuinus codex continet: carm. I 1, 1 — III 29, 56. IIII 2, 54 — 15, 32. art. p. 1 — 336. 457 — 476. epod. c. s. epist. serm. I 1, 1 — II 3, 22. 6, 92 — 8, 95. Hic quoque codex exhibet praepositiones cum nominibus coniunctas isdem locis, quibus codex originarius (δ''') habuerat, ut epod. 15, 4 *Inucrba* δ, *Inucrba* d, *Inueba* z; similiter epod. 15, 12 *inflaco* δd *inflacco* zT. Quem maxima diligentia z ab exemplari descriptum esse saepe cognoscimus: carm. II 4, 21 *nultum* δ, *uoltum* z; hic igitur z uetustam formam accuratius seruauit quam δ; carm. I 31, 14 *at lanticum* z, *atlanticum* δ; δ' *athlanticum* habuisse uidetur; epod. 12, 12 z recte testatur *rumpit*, δd falso *rupit*, T *rūpit*. Codex z ideo potissimum haud parui aestimandus est, quod paene integer admodum mancorum codicum δ d Turic. multis locis supplementum praebet exoptatum. Sic supplentur carm. II 13, 5 — II 16, 19 (ubi deficit δ); c. II 14, 5 inter uerae lectionis *trecenis* (pro plurimorum *tricenis*) testes paucissimos conspicitur z. Maxime notandae sunt etiam lectiones *optumus* s. I 5, 27 (z et Regin.) et *uetulam* c. III 15, 16 (cum R; *uetula* δ). Exemplar codicis z, quem quasi fratris filium fuisse librorum δ et d credimus, minusculis litteris exaratum erat, quare saepius commutantur *d* et *cl*; a. p. 237 *clauus* pro *dauus*, epist. II 1, 163 *sophodes* pro *sophocles* (quod etiam in dε1bLj1 reperitur); saepe confunduntur *a* et *u*, ut c. II 14, 1 *fugaces* (zpr.), uid. Epileg. ad h. l.

T

Turic. siue T est ea codicis Turicensis Carolini 6 pars, quae cum primo ordine non facit: carm. I 1, 1 — 11, 5 (21 linearum in singulis paginis). carm. IIII 4, 6 — 9, 32 (21 lin. in singulis paginis). c. IIII 11, 13 — 14, 32 (20 lin. in singulis paginis), deinde ars poetica (21 lin.), tum epodoe exceptis epod. 1, 19 — 9, 36 (20 lin.); etiam c. s. 1 — 20 (21 — fin. deficiunt). Contra ea pars, quae primi ordinis est et olim ad codicem prorsus alium pertinebat, c. I 11, 6 — III 27, 55, 23 uersus in singulis paginis habet. Hanc signauimus τ, alteram uero partem, quae III ordinis est, Tur. siue T.

T, cod. membran. saec. $\overline{\mathrm{X}}$, insignis est constantia, qua tertii ordinis indolem tuetur; c. IIII 5, 31 *uenit* pro *redit* δzT (d deficit). IIII 5, 37 *rex* pro *dux* dz T al. In discriptione classium T ordine suo semper enarrauimus.

In epodon libro per breue spatium codicem originalem uetustissimum familiae δ ($= \delta'''$) ex quattuor codicibus δ (c. a. 850) *d* (c. 850) *T* (saec. $\overline{\mathrm{X}}$) z (saec. $\overline{\mathrm{XII}}$) construi posse modo diximus. Cuius rei ut aliquot afferamus exempla, epodon uersus ultimus in δ''', quem saeculo $\overline{\mathrm{V}}$ uel $\overline{\mathrm{VI}}$ scriptum esse suspicamur, sic legebatur: *Plorem artis inte* (sic δdz Tur.) *nihil* (pro *nil*) *agentis exitum* (non *exitus*). epod. 15, 9 *agitarit* pro *agitaret* δ'''. epod. 15, 12 *uirium* pro *uiri* δ'''. epod. 16, 10 *rursum* δ'''. epod. 16, 30 *iunxerit* falso scriptum in δ'''. epod. 17, 62 *si* pro *sed* δ''' al. Illud quidem dolendum est, quod adeo reuerendae uetustatis codicem, si qualitatem lectionum spectamus, magni aestimare non possumus.

Familia δ stultissimas lectiones exhibet multas, ut carm. I 7, 14 *pomeria* pro *pomaria*. c. I 11, 5 *qui* (δz Tur.) pro *quae* (propter peruersam constructionem). carm. I 13, 19 *diuolsusque prementibus* pro *diuolsus querimoniis*. c. II 12, 13. *liciniae* pro *licymniae*. c. II 12, 21 *archimenes* pro *achaemenes* (librarius Archimedem somniasse uidetur). c. II 15, 12 *forma* pro *norma*. c. II 18, 36 *reuinxit* pro *reuexit*. c. III 4, 38 *redditis* pro *addidit*. c. III 4, 74 *partum fulmine luridum* absurde pro *partus f.l.* c. III 5, 37 *aptius* pro *inscius* (qua lectione Bentleius ad coniecturam faciendam abusus est). c. III 9, 9 *riget* pro *regit*. carm. III 13, 11 *sub uomere* pro *uomere*. III 16, 2 *uigilium* pro *uigilum*. c. III 20, 1 *tumultu* pro *periclo* (infeliciter correctum ex *periculo*). c. III 20, 5 *quae* pro *cum* (deletur '*cum*' ante indicatiuum). c. III 27, 4 *pesta* (*festa* π) pro *feta*. III 29, 60 *syriae* pro *tyriae*. IIII 2, 58 *orbem* pro *ortum* (etiam λ'). carm. IIII 3, 24 *spero* pro *spiro*. o. IIII 4, 16 *uidet* pro *uidit*. c. IIII 4, 66 *proruit* pro *proruet* (falso a Bentleio praelatum). c. IIII 5, 31 *uenit* pro *redit*. c. IIII 5, 37 *rex* pro *dux*. c. IIII 15, 11 *dimouitque* pro *enouitque*. epod. 15, 9 *agitarit* pro *agitaret*.

In hac sola familia seruatum est c. II 14, 5 *trecenis* pro *tricenis* (etiam in *Ae.*) in z (δd Tur. deficiunt). Dubiae sunt scripturae *uiunt* c. IIII 9, 11 (δ1). *tempestiuum* (δ'') epist. II 2, 142. *uium* δ1 (etiam λpr. u). Accedunt bonae et rarae lectiones *umeri* a. p. 40 (δ1 et Rα), *opstet* epist. II 2, 71 (δ et R), *uolgus* c. III 1, 1 (δzπ), aliae.

ρ

Stirpibus δ'' et F cognatus est ρ, codex admodum mancus = Parisinus 8072 membranaceus saec. $\overline{\mathrm{X}} - \overline{\mathrm{XI}}$, olim Thuaneus, 0,34 × 0,26 m., foliorum 113, uersuum 35 in sing. pag. Desunt carm. I 1, 1—19, 9. II 5, 11—III 2, 18. epod. 4, 4—extr., carmen saeculare, sermones, epistulae, ars poetica. (c. IIII 6, 38 *nocte lucem* δz Tur. Fϱ. IIII 7, 19 *herebis* δzϱ. c. IIII 5, 18 *nutritura* δz Tur. Fϱ. c. IIII 5, 7 *et* pro *it* δz Tur. F?ϱ. c. II 3, 5 *mestus* δz Fϱ. 11 *quid* Fzϱ. 13 *breues* δzFϱ. 22 *nichil* zFϱ. 28 *exitium* δzFϱ. *cumbae* δ1z1Fϱ1. II 4, 3 *brescis* δzFϱ. 16 *meret* δzFϱ. 18 *dilectam* δzFϱ. c. III 5, 43 *ab* δzFϱ. 47 *merentes* δzFϱ. 54 *disiudicata* δzFϱ. c. III 6, 1 *inmeritus* δzFϱ. 9 *mones ses* ϕϱ. 10 *non auspicatos* δzFϱ. *contulit* z1Fϱ. 22 *artubus* δzFϱ. 27 *inpermissa* δzFϱ. 36 *durum* Fϱ (*dirum* δz). 43 *bobus* δ1zFϱ. 45 *inminuit* zFϱ al.). Artis metricae quam ignarus fuerit auctor codicis ϱ, luculentum exemplum est, quod carmen III 6 addita stropha finali locupletauit ex carminis III 7 titulo consarcinata:

> Consolatur puellam
> De coniugis sui desiderio
> Simulque monet ne alterius
> Specie aut blandiciis capiatur.

Si tertii ordinis codices rariores essent, ϱ, quoad extat, ad restituendum hunc ordinem optime adhiberi posset; ceterum id quoque animaduertendum est, codicem ϱ inde a c. IIII 13, 17 (fol. 82ʳ) alia manu scriptum esse ibique primae classis, non iam tertiae, indolem exhibere sinceram; uide discr. classium.

ε

Familiae δ proxime cognati sunt codex ε et familia π. Adfinitatem inter codices ε et δ''' maximam fuisse sumendum est; id quod quominus pluribus exemplis probetur, eo sane prohibemur, quod ε ualde lacunosus est. Illius rei testimonia habes absurdissimum uerborum ordinem epist. I 18, 92 in dzr; uariam lectionem *uoltu* in solis codicibus dzεG epist. II 1, 265; omissam praepositionem *cum* in δzε a. p. 145; *uulsos* pro *auulsos* zε (et f); omissum uersum 66 epist. I 6 in εpr. z1; epist. II 1, 38 *excludet ε excludit* z (pro *excludat*). Codicum δ'''ε exemplar non capitalibus litteris scriptum fuisse intellegimus ex hac lectione: *sophocles* epist. II 1, 163 in dzε1bL.

ε = Einsidlensis (Einsiedeln in der Schweiz) nr. 361 saec. X, admodum mancus, e librorum tegumentis resarcinatus a reuerendo O. S. B. patre Gallo Morell, qui scholae Einsidlensis rector diem supremum obiit. Folia oriuntur e coenobio s. Geroldi ad montem Arulam Tiroliensem sito. Si integer esset, fortasse optimus foret totius tertii ordinis liber; habet enim admodum bonas lectiones, ut *contracta* (non *contacta*) epist. II 2, 80, *nanctus* epist. I 15, 38, *fastidia* epist. I 10, 25, *illius* epist. I 18, 37 (non *ullius*), *apstemius* epist. I 12, 7 (solus), *auris* (solus) epist. I 13, 17. Notabilia uidentur etiam *riuo* pro = *riuom*, *riuum*, epist. I 14, 29 et a. poet. 141 *pos* pro *post*.

art. poet. 96 signum scholiastae (*h*) seruauit, quod haud scio an lectionis *Thelephus* pro *Telephus* in F1βLσ causa fuerit. Item epist. I 16, 14 uariae lectionis *aptus et utilis* in Rπ'b ex codice ε originem optime intellegimus; in ε enim alterum *utilis* est omissum. Archetypus habuerat *utilis utilis*. Compluribus epistularum locis secundi ordinis lectiones exhibet inspersas alias probandas, alias improbandas, uide discript. class. epist. I 2, 31. 6, 51. 7, 55. 10, 25. 42. II 2, 80. 2, 112.

Lectiones singulares eaedemque falsae in ε (et y) sunt serm. II 5, 11 *aliquid* pro *aliud* et epist. I 18, 93 *uapores* pro *tepores*.

In sermonibus ε tantum non deficit, epodoe et carmen saeculare omnino desunt. Carminum nihil continet nisi c. IIII 11, 10—13, 27 et in hac ipsa particula uersus maximam partem mutilati sunt. In summa sunt folia 44, in singulis pag. uers. 21; 0,210×0,183 m.; fragmenta ex carminibus, arte poetica, epistulis, sermonibus.

Familia Rπ.

Ad restituendum archetypi textum, praesertim cum antiquiores formas spectamus, codices Rπ cum affinibus maioris momenti sunt quam Fδ'''ε. Longe plurimum ualent ipsi R et π, quorum alter (R) ut puram ordinis indolem parum seruauit, ita ueteres ac bonas formas plures seruauit quam π, alter (π) tertii ordinis indolem optime praestat. Ambo codices ad unum exemplar uidentur esse referendi. Alteruter nono saeculo scriptus est, ipsum exemplar, ni fallimur, septimo uel octauo.

R

R = codex Suecouaticanus 1703, membranaceus, saeculo VIII pulcherrime scriptus, 0,245 × 0,175 m., foliorum 145, in singulis paginis uersuum 28. Continet carmina, artem poeticam, epodos, carmen saeculare, epistulas, serm. I 1, 1 — II 1, 16; unde recentior manus incipit. Imaginem codicis habes apud Chatelain I p. 26 tab. LXXXVII = fol. 25ᵛ = carm. II 11, 14—12, 16. Fuerat olim monasterii ss. Petri et Pauli apostolorum Wisenburgensis (Weissenburg im Elsass), unde in bibliothecam priuatam Christinae Suecorum reginae uenit, regis Gustaui Adolfi filiae, quae catholicam fidem amplexa libros suos pontifici maximo testamento legauit.

Aliquot partes dictatae sunt (cf. epod. 12, 9: *nequilli* pro *neque illi*). Exemplar erat semunciale: saepe enim mutantur *f* et *r*, *d* et *cl* (*damor* R ante ras. c. III 24, 46). Multae sunt *I* maiores in initio uocum: *Iocoso, Inbuit, Inmare, Imperitare, Iapix*. Littera *a* saepe aperta est. Praepositiones cum nominibus saepissime in singulas uoces coaluerunt. Foliorum pars altera manu exarata est, cf. Epileg. ad serm. I 3, 45. sed haec quoque ex R1 descripta esse uidentur; l. l. legitur *parus = paruos* R, *paruos* B.

Permultas reperimus correcturas altera manu additas, partim

uiliores, partim memorabiles: ut epod. 1, 3 pro *caesaris* R2 emendauit *eacsari*, quod quidem nostra aetate conieuerunt Bothe et Peerlkamp. Quid quod etiam tertiae manus deprehendimus correcturas, ut c. III 7, 23 *enipheus* R3. a. p. 114 *diuos* R1 *dauos* R2 *dauus* R3. Hae correcturae ex stirpe u' originem ducunt.

Ubicumque prima, idest ipsius scribentis manus aliquid correxit, ea emendatio ueram lectionem fontis codicis R (R') repraesentat, uide Epileg. ad epist. I 17, 31. Aliquotiens uero, quae prima fuerit lectio, uix potest indagari. Archaicas formas fere ubique aut erasas aut alio modo medio aeuo uidemus esse deletas.

Mirum quantum R1 uetustiorum formarum numerum optime conseruauit: *aruom, alioqui, apsumet, aequos, aequom, bracchia, cnidi, cnidius, cnosii, cumbae, cocreca, conopium, deciens, dero, dest, dissupare, delmatico, diuŏs, ⟨e⟩quŏs, faenore, faenerator, fuluŏs, glaebas, hadria, inritat, intumo, l⟨a⟩cuom, larisae, lacrumosa, leto, mesall⟨a⟩e, nanclae, nanctus, neelegens, neelecti, neruŏs, obliquom, optume, opstrepit, opstaret, opstat, paenitet, paclignas, paclicem, puclice, pompei, porsinae, perierati, praegnas, pinnis, postos, querqueta, querellas, riuŏs, riuom, seacnae, seruŏs, sacculo, scorpios, tricensima, uergilius, uergilium, uergili, umor, umerus, uoltis, uoluere. Veniast, ultrast, uenast, periculumst, puellast, falernist, mendosast, benest, mest, temerest. Auris, aequalis, absentis, breuis, crinis, cessantis, dementis, ferocis, fulgentis, febris, fustis, ignis, insignis, imparis, imbris, labantis, mollis, nouendialis, obstantis, omnis, ouis, potentis, partis, popularis, pluris, renidentis, rudentis, syrtis, stabilis, securis, trabalis, turris, limentis, tigris, uelocis, uiris, uitis*, alia. Hae omnes formae optimae cum multis aliis integrae fuerunt in exemplari ordinis R, omnes traditae sunt in R1. At inueniuntur etiam dubia, ut *rutundioribus, retrosum, sinistrosum, prosus, iners, lans, pate fecit, ikari, ikariis, inbuit, felicioris, quodquod, gigans, laumedon, luctuossae, famossis, noum, urguet, urgues, karthaginis, kare, quincti* (epist. I 16, 1), *permunxerunt* pro *perminxerunt, excussatus*.

Profecto is, cui codicis R recensio debetur, uetustas formas summopere curauit tuendas; multae formae ut rariores, ita Horatiano aeuo congruae sola ipsius opera factum est ut ad nos peruenirent.

Aliae quoque quaedam res, quae ad morphologiam uel orthographiam minime pertinent, dignae sunt quae memorentur, ut *nireus* c. III 20, 15. *nirea* epod. 15, 22. Item serm. I 4, 39 uera lectio *poetis* in solis R1 et Acr. *v* extat et epod. 17, 42 *uiecm* in solis R M Ac.

Recensio R similis fuisse uidetur illi, ex qua iam Nonius ueteris sermonis exempla hausit: c. I 18, 5 *militiem* R1 et Nonius.

Iusta ordinis indoles in codice R eo corrupta est, quod a codice quodam antiquissimo, qui libro A' in epistulis potissimum affinis erat, permultas primi ordinis lectiones mutuatus est, ita ut inter primum ac tertium ordinem perpetuo fluctuet, magis autem cum tertio consentiat quam cum primo. Quid quod inueniuntur etiam loci paucissimi, ubi liber R aduersante π secundi ordinis lectionem in textum suum recepit: c. III 4, 10 *pulliac.* c. III 27, 55 *defluit.* epist. II 1, 16 *numen.* Cod. π aduersante codice R, si excipitur c. III 14, 6 *sacris,* nulla secundi ordinis lectione uidetur corruptus esse. Ceterum etiam in L aliquot huius generis lectiones occurrunt: s. I 10, 68 *dilatus.* II 7, 48 *incendit.* II 8, 70 *pueri recte.*

π

π = codex Parisinus 10310 membr. saec. $\overline{\text{VIIII}}-\overline{\text{X}}$, olim ecclesiae cathedralis Augustodunensis[1]), postea in seminario Augustodunensi (Autun), 0,25 × 0,235 m., foliorum 135, uersuum 24 in singulis paginis. Continet carmina, artem poeticam, epodos, carmen saeculare, epistulas, serm. I 1, 1—2, 70; reliqua desunt. Imaginem habes apud Chatelain $\overline{\text{I}}$ tab. LXXXVI = fol. 22 = c. II 1, 31—2, 12.

Codex π non dictatus est, unde fit, ut recte scriptum sit *agyieu* (cum a Pph.) c. IIII 6, 28; recte etiam *lacĕnĕ* c. IIII 9, 16 (cum ceteri omnes exhibeant *lacenae, lacene, lacena*). c. II 14, 8 *geryonem.* c. III 5, 56 *lacedaemonium.* Itaque nescimus an recipiendum sit *opscenum* s. I 2, 26.

Nonnullis locis uerae uocabulorum formae solo π seruatae sunt: epod. 7, 4 *fusumst.* epod. 3, 10 *miralast.* c. I 28, 15 *omnīs.* c. II 13, 35 *aurīs* (fortasse etiam ψ pr.). c. I 9, 11 *depliantīs.* c. III 1, 27 *seuŏs.* c. IIII 2, 31 *paruŏs.* epist. I 3, 21 *paruŏm.* epist. II 1, 148 *sacuŏs* (etiam Pph.). epist. II 2, 21 *sacuŏs.* Notabilia etiam a. p. 414 *astinuit* π (ortum ex *apstinuit*); testimonium lectionis *trecenis* c. II 14, 5, latens in uocibus mendosis *non sit recens = non si trecenis;* c. III 21, 19 *pos te* (π 1 cum ψ pr. z 1 b pr.).

Saepissime in tradendis formis antiquioribus congruunt π et R, ut epod. 12, 19 *nervos* R 1 π 1. Huiusmodi exempla extant innumera. Item libris δ et π communes lectiones adeo multae sunt, ut eundem originem liceat suspicari.[2]) Cuius rei documentum etiam id est, quod in carm. II 8 titulo π scribit: INMCRC

TRI//CE.

δ nihil habet nisi INMCRC, reliquam partem omisit.

L

L est = Lipsiensis, bibliothecae senatoriae reposit. I 4. 38, saec. X; codex membranaceus, integer ac pulchre scriptus. Cum

---

1) Hoc sagaciter inuestigauit Chatelain.
2) Paene omnes illae stultissimae lectiones, quas p. LX enumerauimus, non solum in δ, sed etiam in π reperiuntur, cf. discript. classium.

libro π tam saepe congruit, ut π' = Lπ construi possit, codex ni fallor saeculi octaui. Quotiens L et π inter se conueniunt, tertii ordinis sunt; sin diuersa secuntur, L cum primo ordine facere solet. π igitur maioris momenti est, quia classis indolem melius seruauit; accedit quod orthographicarum q. u. rerum multo maiorem codici π debemus numerum quam L.

L continet carmina, artem poeticam, epodos, carmen saeculare, epistulas, sermones ('*Oracius flaccus libertino patre natus*' etc.); est foliorum 115; 0,21 × 0,16 m; uersuum in singulis paginis 34. Primum folium deest; L incipit a c. I 2, 38. In fronte scriptum est: EGO SUM RADY/

Neumae inueniuntur fol. 1ᵛ et 10ᵛ. Quaternio $\overline{VI}$ = carm. IIII 8 — a. p. 263 altera manu et nigriore atramento scriptus est. Ectypum scripturae habes apud Chatelain $\overline{I}$ tab. LXXXVI = fol. 34 = c. III 28, 9—29, 25. Vide etiam Kirchneri nouas quaestiones Hor. tab. I 2 = serm. I 4, 1—8.

Codex L magnam partem dictatus est, quare caue ne nimio pluris aestimes quod solum in L traditum est *opscurus* c. I 34, 14 et II 5, 23 (L1); nam tamquam in altera lance impositas habemus scripturas *alphyus* epod. 2, 67 L pro *alfius*; c. I 8, 10 *iestat* pro *gestat* (L pr.); c. I 18, 13 *tiuum* pro *diuum*; c. II 4, 3 *priscis* pro *briseis*; c. II 1, 10 *puplicus* (L pr.); c. III 24, 42 et IIII 12, 7 *obbrobrium* (L); c. I 19, 12 *adtinet* (L1), quod quidem certissime damnandum est; c. III 4, 30 *bosforum* (etiam δrσ).

Minusculo q. u. scribendi genere illum usum esse, qui codicis L exemplar exarauit, compluribus locis docemur ut epist. I 16, 36: *damet*; 59: *dare* (pro *clare*); II 1, 163: *sophodes*.

Illud uero potissimum in cod. L magni aestimandum est, quod uix aliunde melius intellegitur, quomodo ex archetypi scriptura tertii ordinis falsae lectiones euaserint:

   c. III 14, 8 *uitta* (archetypus)
      uita LrRλ'
      tuta Fπϱp.

   c. IIII 2, 6 *Quem super notas aluere ripas* (archetypus)
      Quem super notas saluere ripas L (uerba auribus male percepta)
      Cum super notas saluere ripas F
      Cum super notas saliere ripas δπ.

   c. IIII 15, 11 *Iniecit emouitque culpas* (archetypus)
      Iniecit demouitque culpas L (parum acute auditum)
      Iniecit dimouitque culpas δzFπra'σ'
      Iniecit domuitque culpas u'.

   cf. etiam epod. 2, 23 *sub antiqua ilice* (archetypus)
      sub aliqua ilice Lrb
      sub alta ilice C.

serm. II 3, 21 *uafer* (archetypus)
  fafer L (parum acute auditum)
  faber Fλ´rβ´.
serm. II 3, 41 *si crit* (archetypus)
  sirid· (ortum ex *sid·*^{ri}) L
  siet Fλ´.
serm. II 5, 87 *elabi* (archetypus)
  et labi L et l
  et abi F.
serm. II 7, 79 *uti mos* (archetypus)
  ut mos L
  ut est mos Fλ.
a. p. 339 *poscat* (archetypus)
  poscet Lr
  posset Fδ.

Volgaris sermonis formae hic illic in L occurrunt: s. II 8, 26 *mostraret* L. c. III 13, 8 *soboles*. c. III 4, 80 et IIII 7, 28 *perithous*. c. IIII 14, 21 *pliadum*. epod. 1, 6 *iocunda*. epist. I 6, 20 *gnauus*. (Lvλ2). epist. I 18, 69 *percunctatorem*.

Inmensus lectionum numerus codicibus L et r communes sunt. Quin etiam cod. r artiore propinquitatis uinculo cum L iunctus esse uidetur quam π, ita ut codicem L´ = Lr facile licuerit construere. Vt unum afferamus exemplum: a. p. 302 Lr *purger* praebent pro *purgor*; idem nostra aetate coniecit Peerlkamp.

r

Codices πLr arte inter se conexi sunt. Originarius librorum π´r codex lectionem habuit *danus* pro *daunus* c. III 30, 11. *Dani* autem primum memorantur a Iordane Get. 3, 23 (a. 551).

r = codex Parisinus 9345 membranaceus saec. XI, oriundus Erphesphurto (Erfurt), continet Horatium, abacum, Persium, Iuuenalem (hunc quidem proprie recensitum cum subscriptione singulari), Seruiolum¹), Terentium. 0,425 × 0,325 m., in sing. pag. uers. 34. Ad Horatium pertinent haec (= fol. 1ʳ —94ʳ): uitae Horatianae, Diomedes armaticus (lege grammaticus) super metra Oratii, carmina, ars poetica, epodoe, carmen saeculare, epistulae, sermones. Continet etiam scholia Pseudacroniana eiusdem recensionis quae est in γν. uide R. Kukula, de tribus Pseudacronianorum scholiorum recensionibus.

Posteriore tempore eum exaratum esse quam L non solum ex litterarum forma intellegitur, sed etiam e quibusdam uariis

---

1) Seruiolus auctor est regularum de quantitate, quae in Basiliensi bibliotheca reperiuntur in cod. membr. E III, 7: 'Seruioli regulae grammaticales' (Haenel p. 521).

lectionibus ut s. II 2, 102: *quo sumere* L, *quod sumere* r, *quo insumere* archetypus; in u legitur *quo uincere*.

r non minus quam L ex libro minusculis litteris picto descriptus est: s. I 5, 47 inuenimus *ditellas* pro *clitellas*. s. II 7, 46 *clauum* pro *dauum*. s. II 2, 6 *adlinis* pro *adclinis*. Medium aeuum redolent hae lectiones: epist. II 1, 173 *dorsennus* (rv). s. I 5, 36 *batillum* (rσ corr.). s. II 4, 57 *quatinus* (rβj). c. III 14, 22 *myrreum* (rvα).

At uno quidem loco, in altera illa secundi sermonum libri parte, ubi plerique boni codices deficiunt, r solus ueram uocabuli formam nobis tradidit, *uoltum* inquam s. II 5, 104. Praeterea duobus locis simul cum σ′ (= σx) singularem eamque, ni fallimur, ueram lectionem testatur: s. II 5, 78 *nequiere* (rσ′vMac) et s. I 1, 81 *adfixit* (rσ′v uar.).

Cheltenhamensis.

Porro familiae Rπ adnumerandus est codex Cheltenhamensis Phillippsianus 16392 membranaceus saec. $\bar{X}$. Intercedente Augusto Wilmanns summo bibliothecae regiae Berolinensis praefecto T. Fitz Roy Fenwick uir reuerendissimus, qua excellere solet beniuolentia, carminum epodonque aliquot locis diligentissime inspectis has nobiscum communicauit lectiones: c. III 6, 10 *non auspicatos* (cum Rπ); III 14, 6 *operata diuis* (cum Rπ); c. III 24, 4 *publicum* (cum Rπ); c. IIII 6, 10 *inpulsa* (cum Rπ); c. IIII 8, 15 *celeres fugae* (cum Rπ); c. IIII 9, 52 *perire* (cum Rπ); c. IIII 13, 14 *cari* (cum Rπ); c. IIII 14, 5 *sol* (cum Rπ), epod. 16, 65 *acre* (cum Rπ). Raro inspersas adgnoscimus lectiones Mauortianas ut c. III 3, 17 *eloquuta;* epod. 5, 15 *illigata*. At folium illud, ubi subscriptio Mauortiana iamnunc extat, ad iustum codicem non pertinet; ergo Cheltenhamensem excludere debemus ex Mauortianorum codicum serie; est potius stirpis Rπ.

Praeter hunc librum bibliotheca Phillippsiana duos alios continet codices Horatianos: nr. 15363 (Horatii opera) saec. $\bar{X}$ et nr. 18844 saec. $\bar{X}$ (carm., epod., c. s.). Hic codex idem esse uidetur, qui in auctione Libri quondam ueniit: tum quidem signatus erat nr. 285 foliorum 72 saec. $\overline{VIIII}$.

α

Libris Lr et σ′u′ affinis est codex α = Halensis Yg. 21. 0,32 × 0,26 m. fol. 63 uers. 31; scriptus circa 1050—1100. Cum aliis indiciis, tum littera N frequenter usurpata ante $\overline{XII}$ saeculum exaratum eum esse probatur; multae quoque abbreuiationes uidentur exeuntis saeculi $\overline{XI}$ esse. Per Gottholdum Heine Barcinone (Barcelona) emptus et Halas Saxonum (Halle) transportatus est, ubi nunc in uniuersitatis bibliotheca adseruatur. Hic solus Hispanorum Horati codicum usque ad hunc diem publici iuris factus est nec quisquam ex Hiberico quodam coenobio oriundum eum esse negauerit. Cum aliis proprietatibus conspicuus est, tum quod una eademque abbreuiatio usurpatur pro *in* et *im*, item pro *con* et *com*. Miro errore scribitur etiam *yhode* pro *rhode* c. III 19, 27, quod quidem natum est ex *ihode*, cf. Hageni gradum ad criticen 58.

Originarium codicem minusculis litteris pictum fuisse efficitur epist. I 14, 16, ubi legitur *fas* pro *scis*. Quam diligenter librarius munere suo functus sit, intellegimus ex epod. 15, 23 (*he heu* pro *heuheu*, ortum ex *heuheu*). Codex ipse bene conseruatus omnia Horatiana continet: c., a. p., epod., c. s., epist., serm., tantummodo sub finem epodon ordine aliquantulum turbato: epod. 1, 1—16, 61. 17, 1—17, 8. 17, 81. 17, 9—17, 80. 16, 62—16, 66.

α′ (αb)

Codici α adfinitate coniunctus apparet cod. b, ita ut ex α + b archetypus α′ cum aliis plurimis locis, tum in carminibus et epodis possit restitui, sed nec ante a. 900 uidetur esse conscriptus nec ad rem criticam faciendam maioris momenti est. Omnium primus cod. α′ exhibet recentem scripturam *poenitet* epod. 11, 8 et infelicem coniecturam *uestigia* pro *fastidia* (uar. *fastigia*) epist. I 10, 25. Vt magnus codicum α et b consensus facilius perspiciatur, documento utamur epod. 16 et 17: epod. 16, 4 *porsenne* α′. 8 *abominatus* α′. 14 *uideri* α′. 18 *execrata* α′. 29 *apenninus* α′. 33 *flauos* α′. 36 *omnes* α′. 37 *expers* α′. 51 *ouile* α′. 52 *nec* α′. 59 *sydonii* α′. 65 *aere. dehinc* α′. 17, 5 *defixa* α′. 17 *circa* α′. *tunc* α′. 18 *relapsus* α′. 22 *reliquid* α′. 47 *neque* α′. 53 nullum interuallum α′. 60 *proderit* α′. 64 *doloribus* α′. 72 *innectes* α′. 80 *poculum* α′. 81 *nihil* (*nichil* b) *arentis exitum* α′. Praeterea b 17, 11 exhibet *unxere* (α *luxere*). 17, 22 *amicta* (α *amica*). 17, 33 *uirens* b (αb2 *urens*). 17, 40 *sonare* b (α *sonari*). 17, 57 *sacra* b (*sacrum* αb2 uar.). 17, 62 *si* b (*sed* αb2 uar.). 17, 67 *alite* b (*aliti* αb2 uar.).

Eundem horum codicum esse fontem nemo non uidet, in b autem tertiae classis indolem puriorem manifestari. Codex α igitur in uiliorum codicum numero ponendus est, b ad restituendam III classem bene adhiberi potest eaque de causa in classium discriptione constanter memoratur.

b

b = Bambergensis nr. K2 (M IV 7) codex membranaceus saeculi X̄, olim 'in sacramentario Ratoldi Corb. nr. 587', unde in bibliothecam capitularii Bambergensem uenit. 131 fol., 24 uers. in

singulis paginis; 0,285×0,215 m. Oriundus est ex Benedictinorum monasterio Corbeiensi (Corbie), quod situm est in Picardia. Sicut *a* etiam b, quamquam minus saepe, primi ordinis lectionibus deformatus est; idem tralaticia primi ordinis scholia - schol. *Γ* et gloss. *Γ —* continet, intermixtis quibusdam recentibus ac uilibus notis, ut c. III 19, 11 gloss. b: 'mun*ere* (pro mur*enae*)] *amore*.' Vt iam casu ualde mutilus est, ita eum in usum Delphini ut dicunt ex industria detruncantium perpessum esse uidemus iniurias, uide Epileg. ad c. III 6, 22. Hodie supersunt haec: c. II 9, 12—18, 26. III 1, 20—6, 14. 7, 14—IIII 1, 24. IIII 4, 39 — a. p. 236. a. p. 334 — epod. fin. c. s. Sequitur altera codicis pars, non eadem manu qua prior scripta: s. I 1, 1—6, 79. 126—II 1, 23. II 1, 72—II 6, 80. epist. I 1, 1—II 1, 37. 51—61. (75—122 ab alio addita). 123—216. Descriptus est ex codice minusculis litteris exarato (c. II 18, 8 *dientes* b1 pro *clientes*. c. IIII 8, 23 *taliturnitas*) et a monacho, qui *v = f* pronuntiare solebat (c. IIII 11, 21 *te leuum* b1 pro *telephum*). Quam arta sit inter b et Rπ' cognatio, cum ex permultis locis, tum ex epist. II 2, 27 colligere licet: hic enim in Rπ'b uoces *dum noctu* omittuntur. Solus b seruauit notabilem scripturam *opstrepit* epod. 2, 27, quam quidem in archetypo tertii ordinis intactam fuisse suspicamur. s. II 3, 108 eodem libro b optime edocemur, quemadmodum ex archetypi lectione plurimorum tertii ordinis codicum ortum sit mendum. Legitur enim in archetypo *istis*
    in b   *isti*
    in F λ'νβ *iste*.

ζ

Inter Ī et ĪĪĪ ordinem fluctuat etiam fragmentum ζ = Parisinus Lat. membran. 10401 saec. X̄ĪĪĪ. Continet cum alia fragmenta (fol. 13—34ᵛ) ex uariis codicibus Horatianis, tum (fol. 35ʳ —43ᵛ) s. I 8, 48—II 3, 317. In singulis paginis sunt 40 uersus. Olim erat in bibliotheca Nicotiana, signatus nr. 80. Multas huius fragmenti lectiones notauimus in discriptione classium.

β″

Sicut RLrαζ inter primam et tertiam classem fluctuat etiam codex β″ idest codex archetypus librorum βfh, uetustatis haud sane spernendae (saec. ĪX̄).

Et primae quidem classis proprias lectiones cum alibi, tum hisce exhibet carm. et epod. locis: c. II 3, 11 *quo*. c. II 13, 38 *laborum*. c. III 1, 43 sq. *falernae uites*. c. III 5, 43 *a se*. c. III 10, 18 *animo*. c. III 21, 19 *nec*. c. III 27, 48 *tauri*. c. IIII 9, 19 *nec*. c. IIII 9, 20 *ue*. c. IIII 14, 28 *meditatur*. epod. 14, 15 *neque*. epod. 17, 17 *tum*. epod. 17, 40 *sonari*. c. s. 23 *tociensque*.

Cum classe tertia familiaque Fλ' codex β" facit c. I 7, 15 unde nouum carmen incipit apposito hoc titulo: *AD PLANCVM HORTATIO AD BENE VIVENDVM.* c. I 18, 5 *increpat.* c. I 25, 5 *faciles.* c. I 28, 3 *litus.* c. I 31, 11 *cululis.* c. I 32, 1 *poscimur.* c. I 35, 17 *sacua* uel *scua.* c. II 13, 8 *colchica.* c. II 18, 8 *clientes.* c. II 18, 36 *reuinxit.* c. II 20, 13 *ocior* uel *otior.* c. III 4, 14 *acheruntiae.* c. III 9, 9 *riget.* c. III 30, 12 *regnator.* c. IIII 7, 17 *uitae.* c. IIII 7, 19 *herebis.* epod. 1, 10 *quem.* epod. 5, 1 *regis.* epod. 5, 21 *colchos* (fh) uel *cholcos* (β). epod. 5, 34 *immemori.* epod. 6, 3 *uerte.* epod. 6, 4 *pete.* epod. 6, 5 *lacon.* epod. 14, 3 *uti,* gloss. *ueluti.* epod. 17, 5 *defixa.* epod. 17, 17 *circe* uel *circa.* Ex dactylicis carminibus satis erit memorasse interpolationem illam magnam ante serm. I 10 adsutam.

Vnde efficitur codicem β" magis cum tertia quam cum prima classe congruere. Permultis uero locis eas praebet lectiones, quae ut primae et tertiae classi communes sunt, ita non reperiuntur in secunda.

Quod ad scribendi rationem attinet, memoramus c. II 1, 16 *dalmatico* pro *delmatico.* c. II 3, 28 *cymbac* pro *cumbac.* c. II 9, 16 *frigiae* pro *phrygiae.* c. III 16, 41 *halyattici.* c. IIII 3, 14 *soboles.* c. IIII 7, 26 *hypolitum.* epod. 2, 55 *iocundior.* epod. 5, 52 *archana.* epod. 9, 25 *kartaginem.* epod. 12, 18 *chous.* Nec magis Horati aetatem sapiunt formae *tegmessae* c. II 4, 6, *gnidius* c. II 5, 20, *herum* c. II 18, 32 *similia.* β" uetustissimus liber est ubi has uidemus lectiones prauiores: *letas* (*laetas*) pro *lectas* c. s. 6. *relegit* pro *redegit* epod. 2, 69. *corruget* pro *conruget* epist. I 5, 23 *importes* pro *inportes* epist. I 13, 5. *puteosque* pro *puteosne* epist. I 15, 15. *rationibus* pro *monitoribus* epist. II 2, 154. *plausoris* pro *plosoris* a. p. 154. Neminem igitur fugiet eiusmodi librum, quamquam ni fallor iam nono saeculo exaratum, tam parui esse pendendum, ut nulla ei tribuatur auctoritas ad uerum Horati contextum restituendum; nihil aliud esse β" quam affinem familiae Fλ, cum aliis, tum iis uariis lectionibus immutatum, quae oriundae sunt a classe prima.

Iam uero describere libet tres illos codices βfh, ex quorum congruis lectionibus construere licuit librum originarium β".

β

β = codex Bernensis 21 membranaceus, olim Bongarsianus, antea Petri Danielis Aurelianensis; ultimo enim folio scriptum est: „*Pour Mon² Daniel aduocat A Ort*" (= Orléans). Inde a saec. XIII usque ad saec. XV hic liber fuit in abbatia sancti Dionysii (S. Denys) cf. Delisle cat. des mss. I 203—204. Chatelain, revue de philologie XII (1888) p. 18. Habet folia 123, 0,39 × 0,29 m., saec. X scripta eademque fere scholia continet quae Fλ.

Librorum ordo hic est: carm., a. p., epod., c. s., epist., serm.; sex ultimi sermonum uersus desunt.

f

Codici β proxime cognatus est liber membr. f = Franekeranus, nunc Leeuwardensis 45, olim Genauensis, pridem Cluniacensis, saec. $\overline{XI}$ uel $\overline{XII}$, foliorum 112, 32 uel 35 uersuum in singulis paginis, 0,375 × 0,238 m. Exhibet interpretationes schol. Γ. Cod. f Geneuae (Genf) emptus est III Id. Nouembres 1628 a Roberto Koenigsmann — sic legitur fol. 1ʳ. Huc autem per Hugenotos transportatus erat, qui permultos libros manu scriptos Cluniaco (Clugny) secum auexerant, uid. voyage litteraire de deux religieux Benedictins de la Congregation de Saint Maur, Paris 1717, I p. 227 sq.: 'Dans la bibliotheque (de Cluny) on voit encore un assez bon nombre de manuscrits, beaux et anciens, mais qui ne font qu'une bien petite partie de ceux qui y étoient autrefois, dont on a encore le catalogue écrit il y a cinq ou six cens ans, sur de grandes tablettes, qu'on ferme comme un livre. On dit que les Huguenots les ont emportés à Genéve, et que c'est ce qui enrichit aujourd'hui la bibliotheque publique de celle ville.' Cluniaci autem complures Horatianos codices satis uetustos extitisse scimus ex catalogo Cluniacensi inter a. 1158 et 1161 scripto, ubi (in cod. Paris. 13071, uide Delisle, cabinet II p. 479. 480) legitur: 'nr. 532: uolumen in quo continetur Horatius totus' et 'nr. 546: uolumen in quo continetur Horatius totus.'

Atqui cod. f reuera continet totum Horatium: carm., epod., carm. saec., a. p., serm., epist. Notae musicae reperiuntur c. I 33, 1—4 et epod. 2, 2. 3. Item ad c. I 33 adscriptas notas inuenimus in codice Horatiano Parisino 7979 = Colbertino 1723 = Regio 5079 saec. $\overline{XIII}$; ibidem sunt notae musicae adpictae ad c. I 1. 3. 5. 15. 25. III 9. 12. 13.

Libri βf, itaque etiam codex originarius β', paene nihil faciunt ad rem criticam, nisi cum aliis iisque melioribus codicibus consentiunt. Pariter ab archetypi scriptura atque a uera Horati consuetudine abhorret scriptura *inpiae* c. I 3, 23 (β). *inperium* c. III 1, 6 (β). *conparis* c. II 5, 2 (β). *impeius* epist. II 1, 265 (β). Item in codice f prauissime scribitur *apposcere* pro *adposcere* epist. II 2, 100. *acquirere* pro *adquirere* a. p. 55. Falsissimam lectionem eamque singularem exhibet β' s. II 8, 43: *heros* pro *erus*. Vno loco β' cum R1 ueram archetypi scripturam seruauit, epist. II 1, 247: *uergilius*. Semel β et u soli ueram praebent lectionem Horatianam, s. II 1, 31 *cesserat* pro *gesserat*. Contra s. I 2, 18 perperam exhibent β'u' *in se* pro *ipse*. f uere Horatianam formam *aequalis* testatur c. I 8, 6. Idem f solus hic illic consentit cum u' (u uel v): s. II 5, 11 *primum* pro *priuum* (fv). s. II 2, 41 *quoquite* (fv). s. II 2, 57 *quinquennas* (fu). s. I 6, 42 *plaustra* (fu'). s. II 2, 99 *aes* pro *as* (f cons. u). s. II 2, 118 *at* pro *ac* (fu). f2 consentit cum v epod. 16, 6: *allobro[s]* f *allobros* v. Fol. 3ʳ in f scriptum est *Ant. Molinius* ////

h

De codice h eiusque cum codice γ necessitudine iam supra, cum de prima classe loqueremur, disseruimus. Affinem fuisse quodammodo familiae u' compluribus lectionibus euincitur ut a. p. 304 *sed ego* h pro *ergo; ego sed* u'. s. II 7, 14 *uortumnis* (h v). epist. I 1, 24 *gnauiter* (h v). epod. 14, 3 *ueluti* pro *ut si* (h v). epist. II 2, 170 *assita* pro *adsita* (h v). epist. II 1, 48 *ad* pro *in* (h v). epist. II 1, 167 *in scriptis* (h v). carm. I 12 in prima stropha h facit cum classe prima, in sequentibus cum u' et b: hoc quidem mihi notatione uidetur dignissimum.

p

Inter primam classem et tertiam fluctuare uidemus etiam cod. p; hic illic utriusque classis lectiones in hoc libro leguntur, una in ipso contextu, altera supra uersum posita, ut c. I 18, 5 *crepat* p in contextu, *increpat* p uar. Cod. p est Paris. 8214 nitide scriptus saec. XI olim Colbertinus 4104. Picta est in hoc libro figura militis saeculi undecimi, cf. Hefner-Alteneck, Trachten des christl. Mittelalters I tab. 33. 65. 12, inprimis tab. 65. Congruunt cum illa pictura uestis armaque militis cuiusdam qualia in celebri opere musaico Gereonensi (S. Gereon) apud Colonienses expressa sunt, uide ausm Werth, Festschrift des Vereins der Alterthumsfreunde im Rheinlande 1872/73 tab. I nr. 10 et text. p. 7. Praeterea cf. Weiss, Kostümkunde des Mittelalters p. 522. 628 sqq.

p est cod. membran. 0,232 × 0,148 m., foliorum 129, uersuum 34 in singulis columnis. Nonnullis locis huius codicis auctoritate uti licet ad confirmandas aut primae aut tertiae classis lectiones; qua de causa et in editionibus nostris et in epilegomenis aliquotiens eius fecimus mentionem. Praeter multa folia, quae excisa sunt, cod. p uniuersum continet Horatium hoc ordine dispositum: carm., epod., c. s., a. p., epist., serm., item scholia marginalia et glossas interlinearias, expositionem metricam et uitam Horati Suetonianam. Fol. 83ʳ rubro colore scriptum est: *Oraç Flacci cplarū lib. II. expt. Incip̄ ſermonū lib.* Infra nigro atramento a manu saeculi XI uel XII haec uerba addita sunt: '*Pene tertia pars deē in hoc libro.*' Cod. p continet etiam auctoris ad Herennium librum I.

t

Item inter primam classem et tertiam fluctuat cod. t = Parisinus membran. 8219 saec. XIII—XIIII, olim Ludouici de Targny.

PRAEFATIO.

Sunt folia 64, uersus 36 in singulis paginis. Continet c. I 1, 1
— I 24, 6. II 8, 15 — epod. fin., c. s., a. p., s. I 1, 1 — I 9, 17.
Ars poetica et in initio et in fine '*liber poeterie*' appellatur. Notanda uidetur rara lectio '*cm*' pro '*cu*' a. p. 328, unde affinem
esse apparet codicem t cum libris R π.

u´

Singularem locum inter libros Horatianos tenet stirps u´: quo
siglo notauimus lectiones communes codicum u et v. Hoc archetypon u´ fuit classis tertiae multis secundae classis scripturis admixtis et propriis coniecturis.

u

u = codex Parisinus 7973 saec. $\overline{\text{VIIII}}$—$\overline{\text{X}}$, 0,259 × 0,201 m.,
olim **Floriacensis**, foliorum 88, uersuum 31—33 in singulis
paginis, adscriptis gloss. Fλ. Fuit olim Petri Danielis (Daniel)
Aurelianensis (Orléans), qui uixit inde ab anno 1530—1603; fungebatur munere aduocati Aurelianensis et 'bailli de la justice de
Fleuri.'[1] Post eius obitum fuit in celeberrima bibliotheca Bongarsi[2], postea in Colbertina. Scriptus autem erat Floriaci apud
Benedictinos (Fleury siue S. Benoist-sur-Loire): in prima pagina
enim, ut Dorez intellexit, Stephani Baluzii manu adnotatum est '*S.
Benoist*'. Anno 1562, cum cardinalis Odet de Coligny episcopus
Bellouacensis (Beauvais) Floriacensium monasterium uastaret, Petrus
Daniel haud paruam codicum manu scriptorum copiam inde abduxit. Francogallicae gentis librarium u fuisse ex multis indiciis
apparet, ut ex scriptura *quantus* pro *cantus* c. s. 22 et *sancto* pro
rantho c. IIII 6, 26. Quibus mendis etiam edocemur partes quasdam codicis u scribenti dictatas esse. Horati opera in u hoc ordine
tradita sunt: carm., epod., carm. saec., serm. I 1, 1—II 2, 131.
Inde a c. III 1 usque ad finem carm. saec. nouam codicis u collationem eamque diligentissimam fecit nobisque humanissime transmisit uir doctissimus **Henricus Lebègue** Parisinus; item **Ludouicus Duvau** amicissimus **Leoque Dorez** Parisini et huius
codicis et aliorum suorum librorum aliquot locos, sicubi quidam
scrupulus restabat, identidem inspicientes gratia nos deuincire non
destiterunt: quorum uirorum facilitatem comitatemque plurimis
philologis optime notam non est quod hic multis uerbis celebremus.
Intercesserat **Michael Bréal**, uir clarissimus, quocum iam dudum
fidam habemus familiaritatem.

---

[1] fol. 1ʳ legitur: '*Ex libb. Petri Danielis Aurelij 1564*' et fol. 88ᵛ:
'*Petri Danielis Aurelij 1564*'.
[2] cf. voyage litteraire de deux religieux Benedictins de la Congregation de S. Maur, Paris 1717 I p. 66: *après sa mort ses héritiers rendirent les mss. a monsieur Petau conseiller au parlement de Paris, et a
monsieur Bonghard*.

Quoniam cod. u, sicut diximus, adeo non integrum Horatium praebet, ut et serm. II 2, 132 — fin. et epistulae omnes desint, prospere euenit, quod etiam cod. v habemus, quasi fratris filium codicis u, ex quorum consentientibus lectionibus construere licet archetypon u´, scriptum fortasse iam saeculo VIII—IX (circa a. 800).

v

v = codex Parisinus 8213 foliorum 101, quorum unum uacuum est, uersuum 31—32 in singulis paginis, columnarum partim singularum, partim binarum, 0,189 ⨯ 0,126 m., membranaceus, saeculi XII exeuntis, olim Mazarineus, antea Lambinianus, ut ex fol. 1ʳ apparet, ubi scriptum est 'Lambinj' idque Lambini ipsius manu. Lambinus hunc codicem uidetur Iannoctianum uocare. Aut Aureliani aut Floriaci librum v scriptum esse suspicamur. Fol. 99ʳ extat carmen uiginti uersuum, quorum primo ('Orbis fuctor, pie rector, qui creasti omnia') notae musicae adpictae sunt; uid. A. Holder, neues Archiv der Gesellschaft für ältere deutsche Geschichtskunde I (1876) p. 416. Iuxta id carmen in margine legimus: 'ORATIO .R. aurelianensis ‖ facta dum tercianis grauaretur'. Scriptorum Horatianorum ordo hic est: carm., carm. saec., epod., a. p., epist., serm. Sed fol. 32ʳ una columna et 32ᵛ totum folium post finem libri epodon uacua relicta sunt; ab a. p. nouus quaternio, insignitus V., incipit.

Cod. v quamquam arta propinquitate cum u coniunctus est, tamen non ex u descriptum esse cum ex multis aliis locis, tum inde efficitur, quod c. III 23, 12 cum δzbrgσ´s exhibet *securim*, u autem mendosissime *securum*.

w

Ex ipso cod. v uero descriptus est w, idest Basiliensis bibliothecae publicae F IV 26 saec. XIII liber membranaceus. Hic adhiberi potest ad eas lectiones codicis v restituendas, quae nunc erasae sunt. Scripturae exemplar inuenies apud Kirchnerum, nou. quaest. Horat. tab. III 14 = a. p. 1—9. Codex w est 90 foliorum, 34 uersuum in singulis paginis, et binarum columnarum in lyricis. Exhibet carm., carm. saec., epod., a. p., epist., serm. eodem ordine quo v. Adiecta sunt Vergili georg. et Ouid. ex Ponto I 1, 1—IIII 16, 26.

u´

In u´ (u, u2v, vq) multas coniecturas reperimus non magis audaces quam supernacuas, quales glossatorem q. u. potissimum uel grammaticastrum sapiunt, ut epod. 16, 2 *perit* u´ pro *ruit*. epod. 17, 65 *infidus* pro *infidi*. epod. 17, 36 *qui finis* pro *quae finis*. epod. 15, 17 *at* pro *et*. epod. 15, 15 *iratue* (u) pro *offen-*

sae. epod. 16, 11 *urbes* pro *urbem.* epod. 3, 3 *edat* pro *edit.* epod. 1, 26 *mea*[1]) (u2vq) pro *meis.* c. I 22, 11 *curis . . . expeditis* (uv uar. qϑ) pro *curis . . . expeditus.* c. III 29, 22 *horrida* (u'q) pro *horridi.* c. III 2, 18 *incontaminatis* (u) pro *intaminatis.* c. II 15, 10 *(a)estus* (u2vq) pro *itus* (class. III.) uel *ictus* (archetyp.). c. III 6, 28 *oscula* pro *gaudia* (u). c. I 22, 2 *mauri iaculis* pro *mauris iaculis* (u'q). c. III 16, 39 *contracta . . . cupidine* pro *contracto . . . cupidine* (u'gϑs). c. IIII 4, 17 *et* interpolatum inter *gerentem* et *uindelici* (vq). s. I 8, 16 *deformem* pro *informem* (u). s. I 8, 7 *insidere* pro *considere* (u Pph.'). s. I, 18 *in se* pro *ipse* (u'β'). s. I 2, 101 *clorin. clorim* u' pro *cois.* s. I 3, 130 *olim* (u) pro *omni.* s. I 3, 133 *uellent* pro *uellunt* (uσ). s. I 9, 50 *umquam* pro *inquam* (uσ). s. II 2, 128 *nixistis* pro *nituistis* (pingui Minerua). s. II 2, 102 *uincere* pro *insumere* (u) s. I 9, 90 *opponere* pro *oppedere* (u cum E, ortum ex schol. Γ). epist. I 20, 7 *ubi quis* pro *ubi quid* (vq; u deficit). a. p. 18 *flumen rheni* (u') pro *flumen rhenum.* a. p. 76 *iuncta est* pro *inclusa est* u', uid. Epileg. a. p. 114 *dauus* vu uar. β'σ' pro *diuus* (ineptissime). a. p. 116 *et* pro *an* u' (ortum ex schol. Γ). a. p. 416 *nec* pro *nunc* (uy), speciosa, sed non necessaria lectio, uid. Epileg. c. IIII 6, 17 *uictor* u' pro *captis.* Hoc loco auctorem familiae u' tertiae classis quoddam exemplar, ubi uox *captis* omissa erat, ante oculos habuisse atque ex suo ingenio emendationem conatum esse plane intellegimus. Idem fecit c. IIII 15, 11, ubi pro falsa tertiae classis lectione *dimouit* aduersante etiam ipsa re metrica scripsit *domuit.* Illud quidem uix quisquam negauerit, stirpis u' auctorem, exceptis iis locis, ubi uox quaedam prorsus exciderat, litteris traditis quantum poterat in emendando parcere studuisse, sicut c. IIII 15, 11. a. p. 76. s. I 2, 18. 101. I 3, 130. II 2, 128.

Ad morphologicas rationes siue ut multi dicunt orthographicas spectant hae formae: c. I 15, 2 *helenam* (ugαV). c. I 28, 30 *negligis* u'qgE). c. I 38, 7 *arcta* (u sol.) c. II 6, 16 *baccha* pro *baca* (u). c. II 12, 25 *fraglantia* (u'). c. II 13, 12 *capud* (u). c. III 9, 10 *dulces* (u'qaϑ). c. III 12, 5 *neubule* pro *neobule* (u' neubole ϑ). c. III 12, 11 *arcto* (u'qα1). c. III 12, 10 *fugientes* (u' qϑ). c. III 14, 22 *mirreum* pro *murreum* (u, *myrreum* ϑ). c. IIII 9, 8 *(s)ter(p)sicorique* uel similia (u'qσϑh). c. IIII 9, 15 *regales* (u'α'gϑ); accusatiui in *is* desinentes fere omnes in u' deleti sunt. c. IIII 9, 17 *cydonio* (uασ). epod. 2, 36 *iocundior* (uetustissimi huius formae testes h. l. sunt u'α'), item s. I 5, 70 *iocunde* (u'β'σ). epod. 2, 67 *alpheus* pro *alfius* (uϱ). epod. 3, 3 *allium* pro *alium* (u'λ'ν). s. I 8, 33 *hecatem* (u'); item a. p. 145 *antiphatem* (u'α'). s. I 8, 38 *minctum* pro *mictum* (u').

Ex hac, quae facile poterat augeri, lectionum farragine nemo

---

1) Hoc multis editoribus, sed falso, probatum est.

LXXVI PRAEFATIO.

non intelleget, etiamsi nonnulli loci extent, ubi singularem quandam lectionem in u uel u´ propositam uere Horatianam adgnoscere non dubitamus, tamen si in uniuersum iudicandum est, recensioni u´ multo magis diffidendum esse quam credendum. Veras autem lectiones habes s. II 1, 31 *cesserat* pro *gesserat* (uβ). c. I 23, 1 *uitas* pro *uitat* (u´nsϱ2 uar. et expos. metr. codicis γ). s. I 7, 17 *pigrior* pro *pulchrior* (u´σgα Porph. schol. Γ). s. II 2, 53 *distabit* pro *distabat* (u´y, uid. Epil.). c. I 18, 2 *c(h)atili* (vqσ2). s. II 5, 78 *nequiere* (vσ´rMα). c. III 5, 22 *bracchia* (u, cf. Epileg. ad c. I 8, 11). epod. 10, 22 *inueris* pro *iuuerit* (vqu uar.).

Codicis v solius lectiones, quamquam, quicquid in epistulis et in extrema sermonum parte (inde a II 2, 132) de stirpe u´ scimus, in v potissimum nititur, omnino damnandae sunt, ut epist. I 15, 12 *stomachandus*. epist. I 17, 44 *prudenter* pro *pudenter*. epist. I 18, 111 *haec* pro *sed*. epist. II 2, 171 *refigit* (emendatio cogitata). epist. II 2, 216 *licentius* pro *decentius*. c. IIII 6, 25 *achiuae* pro *argutae*. epod. 2, 69 *relegit* (cum ϱ). s. II 3, 317 *se inflans sic* pro *sufflans se*. epist. I 3, 32 *at* pro *ac*. epist. I 3, 31 *numatius* pro *munatius*, similiter c. I 26, 5 *mitridaten* pro *tiridaten*. a. p. 355 *ut* pro *et*. a. p. 382 *uersum* pro *uersus* (prorsus superuacua immutatio). Sicut in u´ uel u uerborum ordinem saepius temere mutatum uidemus (ut a. p. 31. 129. 240. 376), ita etiam in v solo: a. p. 260 *magno cum pondere* pro *cum magno pondere*. Omnia haec sunt improbanda; unica exceptio est in illa Horati parte, ubi deficientis u supplementum codex v praebet haud prorsus spernendum, formam dico *piscis* s. II 8, 27: ibi non solum u, sed etiam A´BRπ alii desunt. Similiter factum est s. II 5, 78, ubi ueram lectionem *nequiere* in v et σ´rMα seruatam uidemus.

Propria codicis v orthographia aetatem sapit admodum recentem. Inuenimus enim *gnauus, gnauum, gnauiter, karus* (saepe), *allobros* pro *allobrox, lamina* pro *lama, competa, quoquere* (saepius), *percuncteris, succi, myrreum, yrcus* (epod. 16, 34 v sol.), *atquin* (s. I 9, 52 v sol.), *thure* (c. I 36, 1 gv sol.), *allabores* pro *adlabores* (c. I 38, 5 vL2 sol.), *arcto*.

B´u´

Stirps u´ arta necessitudine coniuncta est cum classe $\overline{\mathrm{II}}$, scilicet cum codicibus B´EgV, inprimis cum B. Praeter eas multas lectiones, quas u´ in carminibus et epodis cum $\overline{\mathrm{I}} + \overline{\mathrm{II}}$ classe communes habet, ut *teucri* pro *teucro, acinacis* pro *acinaces, clari* pro *cari*, plurimae eiusmodi in uv inueniuntur, quae secundae classis et potissimum familiae B´ propriae sunt. Tales sunt c. I 13, 6 *manet* pro *manent* Bu pr. (C deest) c. I 25, 13 *cupido* pro *libido* Bu (in B superscr. † *libido*) (C deest). c. I 28, 12 *nil* pro *nihil* Blu (C deest). c. II 12, 4 *aptare* pro *aptari* A´Bλ´v (C deest). c. III 3, 34 *ducere* pro *discere* in A´λ´vio (B´ deest). c. III 4, 38 *addidit*, non *abdidit* aut *reddidit*, in Bui (C deest). c. III 6, 10 *inauspicatos* pro *non auspicatos* A´Bλ´Gimu (C deest). c. IIII 5, 34 *diffuso* pro *defuso* A´B´λ´σgu´io. c. IIII 6, 10 *impressa* A´B´λ´uio pro *inpulsa*. c. IIII 6, 38 *noctilucam* Bu´λ´σgcμ. epod. 1, 34 *ut* omis. A´B´λ´uGo. epod. 2, 6 *neque* A´B´uGog. epod. 2, 29 *aut* B´u´ (non Mau.). epod. 12, 22 *properabuntur* B´u´ (opp. Mau.). epod. 16, 65 *aere* B´u´Gio (*aerea* Mau.). s. I 3, 4 *tigillius* pro *tigellius* Bgv. s. I 3, 74 *ignoscat* Bu´. s. I 3, 128 *qui* pro *quo* Buv uar. s. I 4, 79 *inquis* gσ´u´Gm (B desiit). s. I 6, 39 *e* pro *de* gσu. s. I 7, 17 *pigrior*, non *pulchrior*, gσ´u´GV. s. I 9, 3 *occurrit* pro *accurrit* guxσ corr. Gμ. s. II 2, 29 *haec* pro *hae* gu´. s. II 2, 112 *puer*, non *puerum*, gσ´u´imjμc. s. II 3, 163 *et* pro *aut* gvσ uar. xm (u desiit). s. II 3, 219 *natam* pro *gnatam* gvixc. s. II 7, 17 *pirgum* pro *phimum* gσ´vGjmμ (v *spirgum*). s. II 7, 48 *incendit* pro *intendit* gvGjmx corr. i uar. L. epist. I 2, 65 *monstrat* gσv mj pr. epist. I 6, 51 pro *fodicet* aut *fodiet* aut *fodiat* gσ´vjiμc. epist. I 10, 43 *urget* pro *uret* gσ´v corr. mj. epist. I 15, 16 *dulcis* pro *iugis* gvxEV. epist. II 1, 48 *ad fastos* vEμ. a. p. 369 *auctor* BuGc pro *actor*. a. p. 376 *duci* omisit B, transposuit u. a. p. 393 *rabidos*, non *rapidos* BσvimV.

Si omnia perpendimus, fundamentum familiae u´ ex codice quodam tertiae et ex altero secundae classis compositum fuisse suspicamur; pertinebat autem ille secundae classis codex ad stirpem B´. Itaque nescio an stirpis u´ imaginem sic liceat adumbrare:

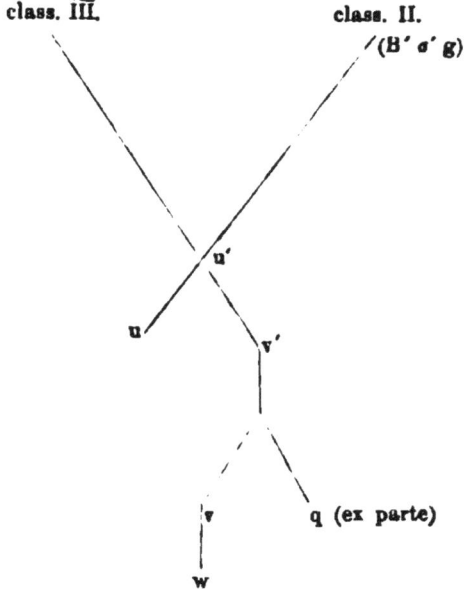

Rossianus.

Huic familiae u' adnumerandus etiam esse uidetur codex Rossianus saeculi $\overline{XII} - \overline{XIII}$ in bibliotheca societatis Iesu Vindobonensi adseruatus, quem descripsit uariasque lectiones publicavit I. Wagner in programmate gymnasii Kalksburgensis 1896. Antea fuit in bibliotheca Rossiana (de Rossi). Ordo librorum Hor. hic est: carm., c. s., epod., c. s. (iterum), a. p., serm., epist.; epist. II 2 uu. 215 sq. abscisi et a manu secunda suppleti sunt. Etiam uersus illi octo interpolati ante serm. I 10 a secunda manu additi sunt. Ceterum et ipsas secundae manus correcturas ex familia u' profectas esse cernimus, ut c. I 23, 1 *uita[s]*. c. I 28, 19 *dens[u]ntur* (item v). c. IIII 4, 65 *merse[s]*. epod. 12, 22 *properab[a]ntur*.

ϑ

Etiam ϑ = Sangallensis monasteriensis 864 membranaceus saec. $\overline{XI}$, a Rittero conlatus et in editione prima hic illic adhibitus, stirpi u' uidetur adnumerandus esse. Deficit inde a c. IIII 11, 36. Lectiones quasdam non Horatio, sed auctori familiae u' tribuendas in cod. ϑ inueniri obiter supra docuimus. Reperiuntur etiam singulares aliquot lectiones uilissimi generis ut c. II 4, 19 *aduersam*. c. III 5, 25 *redemptus*. c. III 29, 42 *degit*. c. IIII 4, 21 *subarmet*. c. IIII 4, 45 *post hunc*. Ex Suenia hunc librum in armarium Sancti Galli translatum eundemque esse, quem ducissa Hadwiga Duellii (Hohentwiel) Burchardo Ekkehardi II comiti quondam donauerit, Franciscus Ritter sibi persuasit (Q. Hor. Flaccus ed. Ritter Lips. 1856 I p. XXXVI sq.). Sed repugnare uidentur et temporum ratio et libri condicio nimis manca.

Porphyrion.

Sequitur, ut de scholiis, quae cum classe tertia cohaerent, aliquid dicendum sit, de Porphyrione et de tractatu Vindobonensi.

Fuerunt qui dicerent, siquis Horatium bene recensere uellet, Porphyrionis potissimum nitendum esse auctoritate, cui opinioni haud dubie adsentiri possemus, si scholiastae ipsius, quem iam ineunte saeculo tertio uixisse scimus[1]), uera ubique nobis uerba

---

1) Hoc ego statueram; Wessner, Landgraf, alii grauissimis argumentis probauerunt Sitteliique Vrbaeque aliorumque commenta, qui nostram de aetate et patria Porphyrionis opinionem impugnauerunt, optime refutauerunt. Landgrafii conclusionis summa haec est: 'Wir sind am Ende unserer Untersuchung angelangt, die, so hoffen wir, einerseits das afrikanische Gepräge der Latinität des Porphyrio überhaupt, andrerseits die nahe Verwandtschaft seiner Sprache speciell mit den Hauptvertretern des älteren Africanismus, mit Apuleius, Tertullian, Cyprian, Arnobius und Lactantius, sowie mit den älteren Bibelüber-

tradita essent. At prorsus aliter res se habet. Sicut enim omnibus fere scholiis accidit, ita et Porphyrionis commentarii non solum permultis uolgaribus mendis, uocibus sententiisque corruptis deprauabantur, sed etiam ingenti interpolationum farragine, quo factum est, ut sententia ipsa saepe secum repugnaret. Lemmata quoque falsis lectionibus abundant; quibus si singulares sunt omnino diffidendum est exceptis formis quibusdam orthographicis; multa exempla dedimus in Epileg. p. 104 et 796 sq. Accedit quod Porphyrionis commentarii compluribus locis iisque interpretatione ualde indigentibus adeo exiles sunt, ut partes quaedam interiisse putandae sint, nos autem plane ignoremus, quid legerit auctor. Multa lemmata ex secunda codicum classe inrepsisse nemo non uidet, cf. c. III 10, 1. III 21, 10. IIII 7, 17. epod. 5, 3. 98. 7, 15. 13, 11. 17, 64. s. I 5, 15. 46. I 6, 18. 69. I 9, 3. II 1, 24. II 3, 212. II 7, 72. epist. II 1, 48. Ad interpretationes uero magnam uim habuit codex quidam classis tertiae, id quod cum aliunde apparet, tum ex c. III 10, 6. III 13, 16. III 14, 7. III 24, 60. epod. 11, 62. s. I 2, 121. epist. II 2, 83. Porphyrion igitur primum iis locis paucissimis maioris momenti est, ubi cum primae classis singularibus lectionibus congruit ut c. III 14, 11 (*ominatis*). IIII 14, 28 (*meditatur*). Deinde haud spernendus est in iis quaestionibus, quae ad orthographiam uel morphologiam pertinent ut s. II 3, 240 (*deciens*). s. II 3, 296 (*octauōs*). epist. II 1, 148 (*saeuōs*). c. III 12, 7 (*umeros*). s. I 1, 33 (*paruola*). epist. II 1, 29 (*optuma*) et s. I 4, 105 (*optumus*) al., quamquam nonnulla dubia sunt ut *uecmens* epist. II 2, 28. *formonsa* c. IIII 13, 3. *thensauro* s. II 6, 11. *domūs* epod. 5, 53. *fraxinus* c. III 25, 16. *mensis* c. IIII 6, 40 al. Denique Porphyrionis auctoritas non neglegenda est iis locis perpaucis, ubi duas diuersas lectiones per interpolationem inter se confusas ac mixtas uidemus, sed ita ut uerior ac pristina lectio etiamnum possit indagari, cf. epist. II 2, 80 (*contracta*). epod. 16, 37 (*expes*). c. III 14, 10 sq. (*ominatis*). c. III 15, 16 (*uetulam*). a. p. 402 (*tyrtaeus*). Plerumque uero ut nunc sunt Porph. interpretationes cum tertia classe faciunt nec pluris aestimandae sunt quam quilibet ex optimis huius classis codicibus.

Tractatus Vindobonensis.

Multo minoris pretii est tractatus ille Vindobonensis, codex bibliothecae Caesareae, signatus nr. CXLV, saec. XI. Nihil enim

---

setzungen klar erwiesen hat, so dass die Annahme, seine Lebenszeit sei in die erste Hälfte des dritten Jahrhunderts zu setzen, dadurch wesentlich gestützt worden ist, ja vielleicht den Grad der Gewifsheit erreicht hat, der unter den bestehenden Verhältnissen in dieser Frage überhaupt erreichbar ist.'

est nisi paraphrasis schol. Γ confecta uel ab Alcuino ipso uel a discipulo quodam huius magistri saeculo VIIII; lemmata sumpta esse ex libro aliquo tertiae classis demonstrauimus in Zeitschr. f. d. österr. Gymn. 1877 p. 516 sqq.

Postremos memorare debemus duos codices, qui ut certae classi nequeunt adscribi, ita propter singulares quasdam aut rariores lectiones aliquot locis haud inutiliter adhiberi possunt. Sunt autem Parisini n et s.

n

n = Nostradamensis Parisinus 184 ('à l'Eglise de Paris M. 9') membranaceus, saeculo XI exeunte scriptus, foliorum 123, 33 uersuum in singulis paginis. Fol. 1' legitur: '*Ex dono Dni Gagne de Perigny Canonici Parisiensis, anno 1734.*' Continet carm., epod., c. s., a. p., epist., serm. Scatet peruersis ac recentibus lectionibus, ut c. s. 71 *curet*. c. s. 49 *quique* pro *quaeque*. c. III 7, 22 *spernit*. epist. I 17, 52 *brundusium* pro *brundisium* (cum Mπ2). epist. I 18, 46 *aeoliis* pro *actolis* (cum phf). epod. 17, 50 *partumeius natum* ex *partum eius* pro *pactum eius* (archetyp. *pactumeius*). Hic noster cod. n est Pulmanni B.

s

s = Sorbonensis Parisinus 1578 membranaceus saec. XII exeuntis, ex bibliotheca Contii. Continet 182 foliis expositionem metricam et uitas, carm., epod., c. s., a. p., epist., serm. In deteriorum librorum numero ponendus est. Exhibet c. I 3, 36 *perrupitque* pro *perrupit* cum $\beta 2 \vartheta 2 \nu 2$. epist. I 10, 24 *expellas* pro *expelles*. a. p. 18 *rhenus* pro *rhenum*. Etiam lectio *rerum* epist. I 17, 21 cum σ'uj2 pro *uerum* recentiori cuidam emendatori tribuenda uidetur; quem eundem fuisse suspicamur atque auctorem codicis σ''.

Codicum classes.

Iam uero postquam omnes eos codices, qui ad uerum Horati contextum eruendum alicuius momenti esse uidentur, recensuimus, in rem esse duximus de rationibus nostris criticis in uniuersum aliquantulum disserere idque ita ut non carmina modo, sed etiam sermones atque epistulas respiceremus.

Omnes libri diuisi sunt in classes tres, quas sic fere licet deliniare:

Prima classis = aγD′ (Dτ) ξ' (ξM) ubique;
    in carm., serm., a. p. etiam E.
    in epistulis A.
    Accedunt R et ν ubi non tertiam classem repraesentant.
    Item i ubicumque non cum secunda classe facit.

Secundae classis uide schema supra pictum p. XVIII.

Tertia classis = familiae $F\lambda'$ et $\delta\pi$.

Familia $F\lambda'$ —

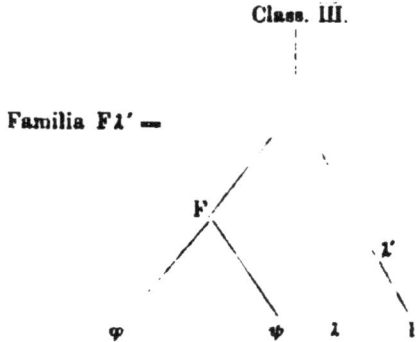

Ceterum in lyricis λ' inter tertiam et secundam classem fluctuare supra monuimus.

Familia $\delta\pi$ —

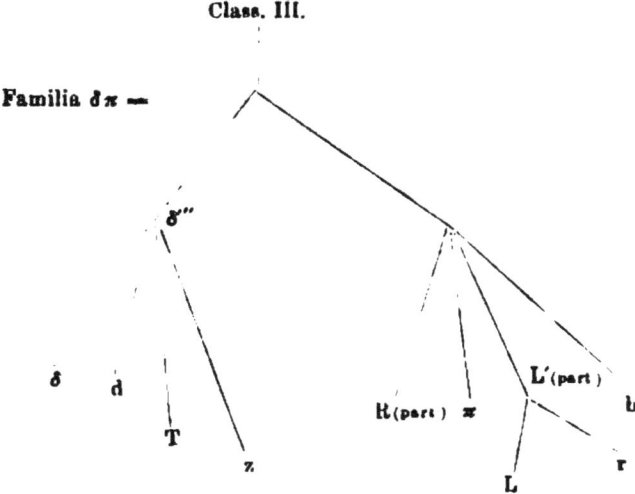

Supplementi causa adhiberi possunt etiam $\sigma'(=\sigma x)$, qui saepe cum stirpe δ''' congruit, $\beta''(\beta fh)$ et α, qui inter tertiam et primam classem fluctuant, et u', qui, ut modo exposuimus, inter tertiam et secundam classem uacillat.

Prima classis ut paucissimis mendis laborat, ita nonnullis falsis lectionibus eius generis, quod ad rem grammaticam aut ad interpretationem spectat, deprauata est; formae illae priscae, quae poetae ipsius tempora redolent, euanuerunt paene omnes.

Eas quidem secunda classis melius conseruauit, sed eadem permultas praebet lectiones singulares easque speciosas, quarum minima pars ad ipsum poetam, maxima ad ueterem quendam uirum doctum, fortasse ad Mauortium, uidetur referenda. Magnam quoque huius classis singularium lectionum partem cum ex aliis locis tum ex maxime uexato illo sermonum uersu I 6, 126 ita explicandam esse apparet, ut, cum libri originarii uerba hic illic quodammodo expalluissent, corruptelas a monacho quodam ex suo ingenio, non ad ueterum exemplarium auctoritatem, correctas esse sumamus. Adde quod omnes huius classis codices aut mutilati sunt aut uacillant, id quod schemate supra picto p. XVIII docuimus. Itaque ii non sunt audiendi, qui ut Munro et Blandiniorum librorum admiratores hanc solam classem per totum Horatium sequi iubent.

Id quoque notare libet, opera Horatiana in hac classe aliter ordinata esse atque in ceteris: carmina enim liber epodon excipit, deinde sequitur carmen saeculare, tum ars poetica siue 'liber poeticus', tum sermones, tum epistulae (B'σ'Gβ' cons. gjoA Porphyr.); prima et tertia classes uero hunc ordinem seruant: carmina, ars poetica, epodon liber, carmen saeculare, epistulae, sermones (aγ' DE cod. origin. MiFλ'δ'''Rπ'rα cod. origin. b).

Tertia classis ut errorum multitudine ceteras superat, ita plerique eorum facillime dispiciuntur, quia inficetos ac stupidos prodere solent auctores, nec tamen prorsus desunt loci, ubi deleta in ceteris codicibus uera lectio in tertia classe integra remanserit. Archaicae quoque, quas dicunt, formae in huius classis codicibus optime seruatae sunt; itaque haud omnino spernendos censuimus hos libros, sed adhibuimus cum alibi, tum sub finem sermonum, ubi ceterarum classium libri nos destituunt.

Conexa est cum hac classe familia u', cuius recensionem saeculo $\overline{VII}$ uel $\overline{VIII}$ in monasterio aliquo Francogallico, Floriacensium fortasse uel Aurelianensium, ita factam esse suspicamur, ut monachus quidam secundae classis codicem uetustiorem adhiberet, unde originarium suum librum, qui fuerat tertiae classis, permultis locis corrigeret aut certe uarias lectiones adscriberet.

Harum classium nulla ab altera pendet, nisi quod in lyricis inter $\overline{I}$ et $\overline{II}$, in dactylicis inter $\overline{I}$ et $\overline{III}$ cohaerentia quaedam subinde conspicitur, cuius necessitudinis hoc schema liceat deliniare:

$\overline{I}$ $\overline{II}$ $\overline{III}$

in lyricis

PRAEFATIO. LXXXIII

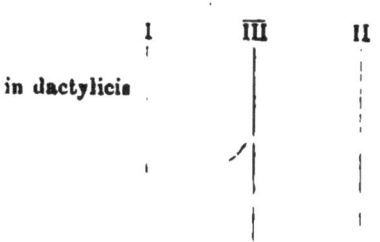

in dactylicis

Neminem fugiet facile fieri posse, ut in una quaque classe lectiones quaedam unice uerae reperiantur, cum in ceteris mendosa lectio communis extet: sed adeo pauca sunt eiusmodi exempla, ut generalis nostra regula, qua eas lectiones ueras esse diximus, quae in duabus classibus congruae inueniantur, haudquaquam infirmetur. Quo facilius autem nostrorum laborum candidi iudices huius criticae rationis ueritatem examinare possint, tabulam illam, quam in Epilegomenis ante hos duodeuiginti annos p. 813 sqq. publicauimus, typis hic repetendam curare statuimus, non mutato eorum locorum, quos ibi memorauimus, aut delectu aut numero, sed adsumptis aliquot in subsidium codicibus, quos antea non adhibueramus.

DISCRIPTIO CLASSIVM.

	I.	II.	III.
carm. I 1, 7.	*mobilium* a M E[1]) R *v* i′ [V′]	*mobilium* ABGiMau. [V′]	*nobilium* z T π u′ / *mobilium* F λ′ δ R [V′]
1, 15.	*icariis* a M E R *v* i′	*icariis* A B G i o	*icareis* F λ′ δ z T π u′
1, 35.	*inseres* a M E R *v* i′	*inseres* A B G i o	*inseris* F λ′ δ z π u′
2, 11.	*superiecto* a D M E R *v* i′ (D incipit)	*superiecto* A B u′ G i o Mau.	*super iacto* F δ T π / *superiecto* λ′ z u′ R
2, 18.	*ultorem* a M E R *v* i′ (D non liquet)	*ultorem* A B u′ G i o	*uelorum* F λ′ δ z T π
3, 19.	*turbidum* a D M E R *v* i′ [V]	*turbidum* G i o Mau. (B deficit) [V]	*turgulum* F δ z π u′ R cum g pr.
3, 20.	*acrocerounia* a D M E *v* i′	*acrocerounia* Au′ G i o	*acrocerouniae* F λ′ δ z π R (L incipit, π′ — π L)
3, 27.	{ *arduum est* M E R *v* i cum g / *ardui est* a D [V] }	*ardui est* Au′ o Mau. [V]	*ardui est* F λ′ δ z T π u′ [V]

---

1) E scripsimus pro C usque ad c. III 26, 12 unde incipit uerus cod. C, uide apparatum criticum ad l. c. Lectionem sine dubio meliorem latiore scriptura significauimus.

DISCRIPTIO CLASSIVM.

I.	II.	III.
carm. I 4, 8. *uisit* aMERvi'	*uisit* GioMau.	*urit* FδzTu'
4, 16. *et manes* aDMRv	*manes* Muu.	*manes* Fl'δzTπ'u'
5, 13—16. *recte disponunt* aDMERvi'	*recte disponunt* Au'Gio	*perperam* Fl'δzTπu
7, 7. *oliuam* aDMERvi'	*oliuam* AuGioMau.	{*olcam* Fδzv / *olinam* l'Tπ'uR
7, 15. *non nouum carmen* aDMERvi'	*nouum carmen* Au'Mau.	*nouum carmen* Fl'δzTπ'u'
7, 22. *tamen* aDMERvi'	*tamen* AuGiMuu.	*ter* FδzTπ'v
7, 23. {*populna* aDR / *populea* MEvi'	*populea* Au'GioMau.	*populea* Fl'δzTπ'u'
7, 27. *teucri* aMERvi'	*teucri* Au'Gi	*teucro* Fl'δzTπ'
8, 8—10. *recte disponunt* aDMRvi'	*recte disponunt* ABu'GioMau. (B redit)	*perperam disponunt* FδzTπ'
9, 6. *large reponens* aDMEvi'	*large reponens* Au'GioMau. (B deficit)	*perperam* FδTπ'R
9, 7. *depromc* aDMERvi'	*depromc* Au'GioMau. ut uid.	*depone* FlδTπ'
10, 17. *lactis animas* aDMERvi'	*lactis animas* ABu'GioMau. ut uid.	*animas lactis* FlδzTπ'
10, 18—20 *recte* aDMERvi'	*recte* ABu'GioMau.	*perperam* FδzTπ' (deficit T, incipit r)
12, 2. *sumis* aD'MERvi' (D' = Dr)	*sumis* ABu'Gi	*sumes* Fl'δz[V']
12, 2. *clio* aD'MEvi'	*clio* ABu'GioMau. ut uid.	*celo, caelo* FlδπR
12, 3. *retinet* aD' ut uid. MERv i' ut uid.	{*recinet* AvoMau. ut uid. [V] / *retinet* BGi ut uid.	*recinit* Fδzu(iz) cum g
12, 13. *parentis* arERvi'(M non liquet)[V]	*parentis* ABGi Mau.	*parentum* Fδzπ'u'cum g
12, 15. *et* aDMER cum Gio	*ac* ABu'im Mau.	*aut* Fδzπ
12, 15. *terras* aD'MERvi'	*terras* ABuGioMau.	*terram* Fδzπ'v
12, 36. {*letum* aD'MEvi' / *litum* R	*letum* ABu'GioMau.	*lectum* Fδπ
12, 51. *fatis* aD'MERvi'	*fatis* ABu'G corr. io Mau.	*omittunt* Fδzπ
12, 57. *reget* aD'MRvi'	*reget* ABu'GioMau.	*regit* Fδπ'u
14, 5. *saucius* aD'MRi' cons. E (v deficit)	*saucius* ABu'GioMau. nt uid.	*actus* FlδzTπ'
14, 8. 9. *recte disponunt* aD'MERi'	*recte disponunt* ABu'GiMau.	*perperam disponunt* Fδzπ'
14, 20. *cycladas* aD'MERi'	*cycladas* ABuzio	*cyclades* Fl'δzv
15, 9. *heu heus* D'MERi'	*heu heu* ABGio	*cheu* Fl'δzu'
15, 20. *crines* aD'MEi'[V']	*crines* AuGioMau. (B deficit) [V']	*cultus* Fδzπ'vR
15, 22. *gentis* D'MEi' (a non liquet)	*gentis* Av Mau. Gio(B deficit)	*genti* FδuR
16, 3. *ponens* aDMEi'	*ponens* ABu'GioMau.	*ponis* FδzπR
17, 9. *haedilia* a pr. ut uid. D'ME cum Gig	*haediliae* Bu'o cons. ii [cons. V]	*haediliae* Fl'δzπu'R [cons. V]

DISCRIPTIO CLASSIVM.　　　　LXXXV

I.	II.	III.
carm. I 18, 5. *crepat* aD'MRi'[V]	*crepat* AB Mau. Gi[V] *crepd* o	*increpat* FδzU' cons. π' ut uid.
18, 15. *et tollens* aD'MERi'[V']	*et tollens* ABvGiio Mau. [V']	*perperam* Fδzπu
20, 3. *leui* aD'MEi'	*leui* ABvGio	*perperam* F1'δπϱuR(ϱ incipit)
21, 14. *in* omittunt aD'MERi'	*in* Bu'	*in* F1'δzπ'ϱu'
22, 2. *nec* aD'MERi	*neque* Bu'Go	*neque* F1'δzπ'ϱu'
22, 14. *daunias* aD'MERi'[V]	*daunias* ABv[V]Giio	{*daunia* 1'πϱu cum g / *daunias* FδzvR[V]
22, 15. *iubae* aD'MEi' (23, 6 incipit uerus cod. y)	*iubae* ABu'Gio	*iuba* F1'π'ϱ?R
25, 5. *facilis* uD'MyER[V]	*facilis* ABuGo Mau. [V]	*faciles* Fδzπϱv cum g
25, 17. *uirenti* aD'MyERi'	*uirenti* ABGio	*uirente* Fδzπϱu'
27, 5. *acinacis* aD'MyEi'	*acinacis* ABuGio Mau.	*acinaces* δzπϱv R cons. F
27, 13. *uoluntas* aD'MyERi	*uoluptas* Bu'G	*uoluptas* F1'δzπϱu'
27, 14. *te* aD'yERi' cons. M	*te* ABu'io Mau. ut uid.	omittunt Flδzπ'ϱ
28, 3. {*latum* aD'yR / *latus* ME	{*latum* AB / *litus* Mau. ut uid. (1' σ'gGiocm)	*litus* F1'δzϱu' cum L (π non liquet)
28, 15. *mors* aD'MRE uar. i	*nox* Bu'Go Mau.? (A deficit)	*nox* F1'δzπ'ϱu' cum y
28, 19. *ac* aD'MyEi(R deficit)	*ac* Buio Mau.? (deficit)	*et* Fδzπ'ϱ ut uid. v
28, 31. *forset, forsit* aD'MyERi'[V']	{*forsan* Bu'om / *forset* Gi Mau. [V']	*forset* F1'δzπ'ϱ'[V]
29, 13. *nobilis* aτMyEi(D deficit)	*nobilis* Aio(B deficit)	*nobiles* F1'δ'πu'R
31, 10. *et* aτyE(DM deficiunt)	*ut* BuGi ut uid. cum i (omittit o, G cras.)	*et* F1'δϱuR
31, 11. *culillis* aτyERi	{*culillis* ABim / *culullis* Mau. ut uid. (1'σ'gGioc)	*cululis* Fδzπϱu'
31, 18. *latoe* aD'yERi'	*latoe* ABuGio Mau.	*luetoe, letoe* F1δzv cons. ϱ
32, 1. *poscimus* aD'yEi'	*poscimus* ABGio Mau. ut uid.	*poscimur* F1δzπϱu'R
33, 6. *torret* aD'yERi'	*torret* Au'Gio Mau. (B deficit)	*te torret* Fδzπϱ?
35, 17. *serua* aDMyERi'[V']	*serua* ABGio uar. [V']	*saeua* F1'δzπϱu'
35, 26. *diffugiunt* aD'MyERi	*diffugiunt* ABu'Gio Mau.	*fugiunt* Fδzπϱ
36, 11. *neu* aD'MyEi'	*neu* ABGi Mau. (deficit o)	*nec* Fδzπ'ϱu'R
36, 12. *neu* aD'MyEi'	*neu* A corr. BGi Mau.	*nec* Fδzϱn'R
37, 5. *antehac* D'MyERi' cons. a	*antehac* ABu'Gi	*antehanc* F1'δπϱ
II 2, 7. *aget* aD'MyERi	*aget* ABu'i	*agit* F1'δ'ϱ

DISCRIPTIO CLASSIVM.

	I.	II.	III.
II 2, 18.	plebis aD'ME i'[V]	plebi ABu' Mau.	plebi Fl'δzϱu'R cum g
3, 11.	quo aMyEi cum gβ'' quod D'	quid AB Mau.?[V]	quid FzπϱR[V]
3, 28.	exilium aD'My ERi	exilium ABi	exilium Fl'δzπϱu'
4, 18.	delectam aD'yE Ri(M deficit)	dilectam ABu'G Mau. [V']	dilectam Fl'δzπϱu' [V']
5, 13.	currit aD'yE'i'	currit ABGi	curret Fl'δzπu'R (ϱ deficit)
5, 16.	petit D'yERi	petet A'Bu'G Mau.	petet Flδzπu'
5, 19.	renidet D'yEi'	renidet ABGi Mau.	renitet Flδzu'R
5, 20.	gyges D'yERi	gyges A'Bu'i Mau.	gies Fδzπ
6, 19.	fertili D'MyE Ri'	fertili A'Bu'Gi	fertilis Fl' / fertili δzπ'u'R
6, 19.	minimum D'My ERi	minimum A'Bi Mau.	nimium Fδzu'
6, 22.	ibi D'MyERi	ibi A'BGi Mau.	ubi Fδzu'
7, 7.	coronatus D'My ERi'	coronatus A'BuGi Mau.	complus Fδzπv
7, 14.	sustulit acre D' MyERi	sustulit acre A'Bu'i Mau.	sustulit ab acre Fzπ
10, 6.	obsoleti D'My Evi' (v redit)	obsoleti A'Bu'Gi Mau.	obsoletis Fδzπb R (b incipit)
10, 18.	cithara D'My ERvi'	cithara A'Bui Mau.	citharae Fδzπbv
11, 10.	nec MyERvi	neque A'Bu'G Mau.	neque Fl'δzπbu'
11, 24.	comas D'MyE Rvi	comae ABm Mau.	comam Fδzπbu'
12, 4.	aptari D'MyE Rvi'	aptare A'Bv Mau.	aptari FδzπbuR
12, 13 et 23.	licymniae D'MyERvi'[cons.V]	licymniae A'BGi Mau. ut uid. [cons. V]	liciniae lδzbu' (sim. g) / licymniae RFl [cons. V]
12, 25.	cum D'yERvi	cum A'Bui Mau.	dum Fδzπbv
12, 28.	occupet D'My ERvi	occupet A'Bi Mau.	occupat δzπ'bv / occupet Fl'R
13, 8.	colcha D'MyE Rvi[V]	colcha A'Bi Mau.[V]	colchia Flzπ'bu' cum g (δ deficit)
13, 23.	descriptas D'My ERvi	discriptas A'B (redit o)	discretas Fl'zbv
13, 38.	laborum MyEv i' cum β''[V'] / laborem D'R	laborem A'Bu'	laborem Fzπbu'R
14, 14.	rauci D'MyE Rvi	raucis A'B	rauci Fl'zbu'R
14, 20.	sisyphus D'My ERvi'	sisyphus A'BuGio Mau.	sisyphos Fzπbv
14, 24.	ulla D'MyERvi'	ulla A'Bu'io	uita Fl'zπ'b
15, 12.	norma D'MyE Rvi'	norma A'Bu'Gio Mau.	forma zπ'b / norma Fl'u'R
16, 7. 8.	recte disponunt D'MyRvi'	recte disponunt A'BGio Mau. ut uid.	perperam disponunt Fzπb (l deficit)
16, 13	paternum D' MyERvi'	paternum A'Bu'Gio Mau. ut uid.	paterno Fzπ

DISCRIPTIO CLASSIVM.

I.	II.	III.
carm. II 16, 31. *forsan* D'MyEνi'	*forsan* A'Bu'Gio Mau. ut uid.	*forset* Fδzπbℝ ut uid. (δ redit)
17, 19. *natalis* D'My ERνi'	*natalis* A'BuGio Mau. ut uid.	*loetalis* Fδzπbν
17, 25. *alas* D'yERνi' cons. M	*alas* A'Bu'Gio Mau. ut uid.	omittunt Fδzπ
17, 25. { *cum* D'yEν / *tum* MRi' cum σ'	*cum* A'Bu'o Mau. ut uid.	perperam Fδzπbℝ
18, 8. *clientiue* D'yERνi cum a(M deficit)	*clientae* AB [V ut uid.¹)]	*clientes* Fλδzπbu'
18, 25. *limites* D'yERνi	*limites* A'Bio Mau. ut uid.	{ *limitem* δzπ'u' / *limites* FλR
18, 30 sq. *recte disponunt* D'yERνi'	*recte disponunt* A'BGio Mau. ut uid.	{ ut unum uersum scribunt zπ'u sim. δ (b deficit) / ut duo uersus FλR
18, 36. *reuexit* D'ERνi'	*reuexit* A'BGio Mau. ut uid.	perperam Fδzπu'
20, 3. *terris* D'MyERνi'	*terris* A'Bio Mau.	*terra* Fδzπ'u'
20, 13. *notior* D'MyRν	*notior* A'B Mau.	perperam Fδzπ'u'
III 1, 17. *destrictus* D'MyERνi	*destrictus* A'Bio	*districtus* Fλ'π'u'
1, 43. *falernae* D'MyERνi' cum β''	*falerna* A'Bu' Mau.[V' ut uid.]	*falerna* Fλ'δzπ'u' [V' ut uid.]
1, 44. *uites* D'MyEνi' cum β''	*uites* A'BGio	*uitis* Fλ'δzπu'R[V' ut uid.]
2, 16. *ue* D'Myνi'	*ue* A'Bio	*que* Fλ'δzπ'bu'
2, 22. *ire* D'MEνi'	*ire* io Mau. (B deficit)	*iter* Fδzπ'ϱbu'R (ϱ redit)
3, 10. *enisus* MyER (D desinit ν deficit)[V]	*enisus* o Mau. [V]	*innisus* Fδzπ'ϱbu' cum g
3, 12. *bibet* τMyRi	*bibet* A'uio Mau.	*bibit* Fδzπ'ϱbν
3, 34. *discere* τMyER	*ducere* A'vio Mau.	*discere* Fδzπ'ϱbuR
4, 10. *nutricis* τMyERi	*nutricis* A'Buio Mau.	{ *altricis* δzbν / *nutricis* Fλ'πϱR
4, 10. *limen apuliae* MyEi' cons. τ	*limina pulliae* A'B cum R	*limen apuliae* Fλ'δzπϱbu'
4, 16. *forenti* τMyERνi(ν redit)	*forenti* A'Bi	*ferenti* Fλ'δzπϱbu'
4, 31. *urentis* τMyERνi'[V']	*urentis* A'BuGio Mau. [V']	*arentis* Fδzπϱν
4, 38. *abdidit* τMyERν cum Gois	{ *addidit* Bui / *abdidit* Go Mau.	{ *addidit* Fu / *redd.* δzπ'ϱbν
4, 43. *turbam* τMyERνi'	*turbam* A'uGio Mau.	*turmam* Fδzπ'ϱbν
4, 47. *turbas* τMyERν	*turmas* A'vGio Mau.	*turmas* Fλ'δzπ'ϱbν

---

1) Inde a carm. II 12, 3 usque ad libri quarti finem de tribus, non, ut alibi solet, de quattuor Blandiniis mentionem facit Cruquius; sed unum ex his codicibus Blandinium uetustissimum fuisse suspicantes, ubicumque in hac Horati parte trium Blandiniorum lectiones affert, eas in hanc tabulam recepimus et notauimus „V ut uid."

I.	II.	III.
carm. III 4, 59 sq. recte disponunt ςMγER vi'	recte disponunt A' BuGio Mau.	perperam disponunt F δzπ'ϱbv
4, 74. partus ςMγER vi'	partus A'Bu'Gio Mau.	partum δzπ / partus Fλ'ϱbu'R
4, 76. aethnen ςMγE Rv	aethnen A'B Mau. ut uid.	aethnam Flδzπϱbu'
4, 78. reliquit ςMγE Ri' (v deficit)	reliquit A'BGio Mau.	relinquit δzϱbu' / reliquit Fλ'R
5, 10. 'et omittunt ςMγ Evi'	et omittunt A'BuGio Mau.	et Fδzπ'ϱbvR[V]
5, 21. uidi uidi ςMγ ERvi'	uidi uidi A'Bu'Gio Mau.	uidi Fδzπ'ϱb?
5, 27. nec ςMγER (v deficit)	neque A'Bu'Gi'o Mau.	neque Fλ'δzπ'ϱb
5, 37. inscius ςMγE Ri'	inscius A'BGio Mau.	aptius δzϱbu' / inscius Fλ'πR
5, 43. a ςMγERi cum β''	ab A'Bu'Go Mau.	ab Fλ'δzπ'ϱbu'
5, 51. propinquos ςM γERi'	propinquos A'BGio Mau.	amicos Fδzπ'ϱbu'
5, 53. clientum ςMγE Ri'	clientum A'Bu'Gio	clientium Fλ'δzπ'ϱ ut uid. b
6, 10. non auspicatos ςMγER	inauspicatos A'BuGim Mau.	non auspicatos Fδz π'ϱbvR
6, 22. artibus ςMγE Ri	artibus i Mau. ut uid.	artubus Flδzπ'ϱu' (b deficit)
6, 30. seu ςMγEi'	seu A'u'Gio Mau.	cum δzπR / seu Fλ'ϱu'
6, 35. et ςMγERi'	et A'u'Gio Mau.	omittunt Fδzπ'ϱ
7, 18 sq. recte ςMγER vi' (v redit)	recte A'Bu'Gio Mau.	perperam Fδz
7, 22. audit ςMγER vi'	audit aBu'Gio Mau.	omittunt Fδzπ'ϱ
7, 26. aeque ςMγER vi'	neque A'B	aeque Fλ'δzπ'ϱu'R
8, 3. 4. in cespite ςM γERvi	cespite A'BGo Mau.	in cespite Fδzπϱu'R (L deficit)
8, 27. cape ςMγEvi' [V]	cape A'BGio Mau. [V']	perperam Fδzπ'ϱ ut uid. bu'R (b redit)
9, 5. alia ςMγERi'[V] (v deficit)	alia A'BGio Mau. ut uid. [V]	aliam lδzϱbu' cum g / alia Fλπ'R[V]
9, 6. nec ςMγER	neque A'BvGio Mau.	neque Fλ'δzπ'ϱbv
9, 8. ilia ςMγERi'	ilia A'Bu'Gio Mau.	perperam Fδzπϱ
9, 9. regit ςMγERi'	regit A'BGio	riget Fλ'δzπϱu'
9, 21. quamquam ςM γERi'	quamquam A'BvGio Mau.	quamuis Fδzπ'ϱbu'
10, 6. satum ςMγERi'	satum A'BGio Mau. ut uid.	situm Fδzϱbu' cum L (π deficit)
10, 18. animo ςMγE i' cum β''	animum A'B Mau. ut uid.	animum FlδzπϱbR
11, 43. nec ςMγER	neque A'Bu'Gio Mau.	neque Fλ'δzπ'ϱbu'
11, 50. i ςMγERi'	i A'BvGio Mau.	omittunt δzπ'bu
12, 11. alto ςMγEi'	alto A'BGi	arto Fλ'δzπϱbu'R[V] (deficit g)
13, 1. blandusiae ςMγ R cum G	bandusiae ABu'iMau. ut uid. [V] cons. o	bandusiae Flδπ'ϱbu' [V] (deficit g)

DISCRIPTIO CLASSIVM.   LXXXIX

I.	II.	III.
carm. III 13, 11. *uomere* τMγERi'	*uomere* A'Bu'GioMau.	*perperam* Fδπ'ϱ
13, 16. *lymphae* τMγERi'	*lymphae* A'Bu'Gio Mau.	*nymphae* Fδzπϱbv
14, 6. *diuis* τMγER	*sacris* A'BGioc Mau.	*diuis* Fδzϱbu'R
14, 7. *clari* τMγEi'	*clari* A'Bu'Gio Mau.	*cari* FδzπϱR
14, 8. *uitta* τMγEi'	*uitta* A'Bu'Gio	*perperam* Fl'zιπ'ϱbR
14, 11. { *ominatis* Mγ Ei cum co uar. [V] (deficit g) *nominatis* τR	*nominatis* A'BuGo Mau.	*nominatis* Fl'δzπϱbuR
15, 2. *pone* τMγER	*fige* A'Bu'Gi (cons. o) Mau. [V]	*fige* Fl'δzπ'ϱbu'[V] (deficit g)
15, 8. *chlore* τMγEν (redit ν)	*chlore* A'BGo	*chlori* Fl'δzπ'ϱu'R
16, 22. *a* τMγERνi'	*ab* A'u'o Mau.(B deficit)	*ab* Fl'δzπ'ϱbu'
16, 41. *halyattici* τMγEν	*halyathii* A'u' cons. i Mau.	*halyathii* Fl'δzπϱu' (R?)
17, 4. *fastos* τMγEνi'	*fastos* A'Bu'Gio Mau.	*fastus* Fδzπϱ R
17, 13. *potes* τMγRνi' (sim. E)	*potes* A'Bu'Gio Mau. ut uid.	{ *potis* lδzb *potes* Fδπ'ϱu'R
18, 6. *ueneris* τMγERνi'	*ueneri* A'B	*ueneris* Fl'δzπ'ϱbu'R
18, 7. *craterae* τMγERi'	*craterae* A'Bu'Gio Mau. ut uid.	*creterrae* Flδzπ'ϱ
18, 12. *pagus* τMγEνi'	*pagus* A'BG corr. io Mau.	*pardus* Fπϱbu'R cum δ uar. z uar.
19, 2. *pro patria non timidus* τMγERνi'	*pro patria non timidus* A'BGioMau.	*non timidus pro patria* Fδzπ'ϱbu'
19, 11. *murenae* τMγERi' (ν deficit)	*murenae* A'BνGio Mau.	*munere* Fzπϱbu cons. δ
19, 14. *cyathos attonitus* τMγERi'	*cyathos attonitus* A'BνGio Mau.	*attonitus cyathos* Fδzπ'ϱbu'
19, 27. *rhode* τMγERi'	*rhode* A'BGi Mau.	*chloe* Fδzπ'ϱbu'
20, 3. *paulo* MγERi' [V]	*paulo* A'BuGio Mau. [V]	*paulum* Fδzπ'ϱbv cum g
20, 5. *cum* τMγERi'	*cum* A'Bu'Gio Mau.	{ *quae* δz cum L π uar. *cum* Fl'πϱbu'R
21, 10. *negleget* τMγERi cum a	*neglegit* ABGo Mau.	*negleget* Fδzπϱbu'R
21, 19. *nec* τMγERi cum β''	*neque* A'Bu'Go Mau.	*neque* Fl'δzπ'ϱbu'
23, 12. *secures* τMγERi'	*secures* A'Gio Mau.(B deficit)	{ *securim* δzbu' *secures* Fl'π'ϱR
23, 19. *molliuit* τMγER	*mollibit* A'u'Gio Mau.	*mollibit* Fl'δzπϱu'
24, 4. *publicum* τMγR [V']	*ponticum* A'BGio Mau. cum σc (*punicum* σzx)	*apulicum* Fδzϱbu'
24, 26. *et* τMγERi'	*et* A'BuGio Mau.	*aut* Fδzπ'ϱ ut uid. bν
24, 27. *quaeret* τMγERi'	*quaeret* A'BGio Mau.	*quaerit* Fδzπϱbu'
24, 60. *hospites* τγERi' [V'] (M deficit)	*hospites* A'Gio Mau. ut uid. [V']	{ *hospitem* Flπ'ϱbu' *hospites* lδzR[V']
25, 6. *consilio* τγEi' [V]	*consilio* A'BGio Mau. [V]	*concilio* Fδzzϱbu'R cum g

DISCRIPTIO CLASSIVM

I.	II.	III.
carm. III 25, 16. *fraxinos* τγERi'	*fraxinos* A'Bu'Gio Mau.	*fraxinus* Fδzπϱb
25, 17. *humile* τγE	*humile* A'G1 cons. B Mau. ut uid.	*humili* F1δzϱbu'R
26, 9. *tenes* τγERi'	*tenes* A'BGio Mau.	{ *regis* δzπ'ϱbu' { *tenes* F1'R
26, 10. *memphin* τγER	*memphin* A'u'Gio Mau.	*memphin* F1δzπ'ϱbu'
27, 4. *feta* τγRi'	*feta* A'Bu'GioMau. (incipit C)	{ *festa, pesta* δzπb { *feta* F1'ϱu'R
27, 5. *rumpat* τγi'	*rumpat* A'B'u'GioMau.	*rumpit* FδzπϱR
27, 7. *cui* γR[V'] sim. τ	*cui* A'B'Go[V']	{ *quid* 1'δzπu' { *cui* FϱbR[V']
27, 10. *imminentum* τ γRi	*imminentium* A'B'Goμ Mau.	*imminentum* Fδzπ'b u'R
27, 48. *tauri* τγRi cum β''	*monstri* A'B'u'Gio Mau. [V']	*monstri* 1'δzπ'ϱbu' [V']
27, 55. *defluet* τγi	*defluit* A'B'GoMau. cum R	*defluat* Fδzπ'ϱbu'
27, 71. *inuisus* γRi'β'' (τ deficit)	*inuisus* A'B'vGio	perperam F1'δzπϱu
27, 71. *reddet* γRi'β''	*reddit* A'B' Mau.	*reddet* Fδzπ'ϱbu'R
28, 6. *ac* γRβ''	*et* A'B'GioMau.	*ac* Fδzπ'ϱbu'R
28, 14. *paphum* γRi'β''	*paphum* A'B'u'Gio Mau.	*paphon* Fδzϱ
29, 3. 4. *recte disponunt* γRi'β''	*recte* A'B'GioMau.	perperam Fδzϱb
29, 6. *ne* γRiβ''	*nec* A'B'Go	*ne* F1'δzπ'ϱbn'R
29, 8. *iuga* γRi'β''	*iura* A'B'	*iuga* F1'δzπ'ϱbu'R
29, 34. *feruntur* γRi'β''	{ *referuntur* GoMau. { *feruntur* B'u'i	*feruntur* Fδzπ'ϱbu'R
29, 34. *alueo* γRi'β''	*alueo* A'B'Gio Mau.	*aequore* Fδzπ'ϱbu'
29, 49sq. *recte disponunt* γRi	*recte* A'B'GioMau.?	perperam disponunt F 1δzπ'ϱbu'
29, 62. *tunc* γRi'β''	*tunc* A'B'Gio Mau.	*tum* Fδπ'ϱbu' (z deficit)
30, 12. *regnauit* γRi' [V]	*regnauit* A'B'Gi Mau. [V]	{ *regnator* δπ'bu'cum g { *regnauit* F1'R[V]
IV. 1, 11. *commessabere* } γRi'β'' *commissabere* }	*comisabere* } *comis habere* } A'B' *comissabere* o	{ *comitabere* Fδπϱb { *commutabere* u'
2, 6. *quem ... aluere* γRi'β''	*quem ... aluere* A'B'u' Gi Mau.	*cum* ... } *saliere* } Fδπϱ[cons.V] *cum* ... } (b deficit) *saluere* }
2, 7. *feruet* γRi'β''	*feruit* A'B	*feruet* F1'δπ'ϱu'R
2, 23. *reducit* γRi'β''	{ *reducit* Giom Mau. (A' 1'σ'g) { *educit* B'u'[V]	*educit* Fδπϱu'[V]
2, 27. *apis* γi'β'' cons. R	*auis* A'B'	*apis* F1'δπ'ϱu' cons.R
2, 58. *ortum* γRi'β''	*ortum* A'B'Gio	*orbem* 1'δzπ'u' (z redit)
3, 10. { *quae* γi'β'' { *qui* R	*qua* AC Mau.	*quae* Fδzπ'ϱu'
4, 10. *uidit* γRiβ''	*uidit* A'B'io Mau.	{ *uidet* δzu' { *uidit* F1'πϱR

DISCRIPTIO CLASSIVM.

I.	II.	III.
carm. IV. 4, 31. *neque* γRi'β"	*neque* A'B'Gio Mau.	*nec* FδzπϱU'
4, 43. *uel eurus* γRi'β"	*uel eurus* A'B'Gio Mau.	perperam Fδzπϱbu' (l, redit)
4, 65. *merses* γR	*mersus* A'B'Gio Mau. cum σ'g	*mersae* FzTϱ / *merses* δbuR cons. π'
4, 66. *proruet* γRi'β"	*proruet* A'B'u'Gio Mau.	*proruit* δzTπ' / *proruet* Fλ'ϱbu'R
5, 18. *nutrit rura* γR i'β"	*nutrit rura* A'BuGi o Mau.	*nutritura* FδzTπ'ϱbv
5, 31. *redit* γRi'β"	*redit* A'B'vGio Mau.	*uenit* δzTbu / *redit* Fλ'πϱvR
5, 34. *defuso* γRβ"[V]	*diffuso* A'B'u'io Mau. (A'λ'σg)	*defuso* FδzTϱbR[V]
5, 37. *dux* γRi'β"	*dux* A'B'u'Gio Mau.	*rex* δzT / *dux* Fλ'πϱbu'R
6, 10. *inpulsa* γRβ"	*impressa* A'B'uio Mau.	*inpulsa* FδzTπ'ϱbvR
6, 11. *in* omittunt γR i'β"	*in* A'B'u' Mau.	*in* FδzTπϱbu'
6, 17. *captis* γRi'β"	*captis* A'B'Gio Mau.	omittunt FδzTπ'ϱb / *victor* u'
6, 38. *noctiluca* γRi'	*noctilucam* Bu'μc Mau. ut uid. (λ'σg Brux.) / *noctiluca* A'CGiom	*nocte luce* FδzTπϱ sim. b
7, 15. *pius* γRi'β"	*pius* A'B'Gio Mau. (cum g)	*pater* δzTπ'bu'[V] / *pius* Fλ'ϱR
7, 15. *tullus diues* γ Ri'β"	*tullus diues* A'B'i Mau. cons. o	*diues tullus* δzTπ'bu' / *diues iulus* Fϱ
7, 17. *summae* γRi	*summae* A'B'io Mau. (cum g)	*uitae* δzTπ'u'[V] / *summae* Fλ'ϱbR
7, 19. *heredis* γRi'	*heredis* A'B'u'GioMau.	*herebis* / *herebit* } FδzTϱb
8, 1. *commodus* γRi [V ut uid.]	*commodus* A'Bio (C deficit) [V ut uid.]	*commodis* Fλ'δzTπ'ϱb u' cons. g
8, 9. *non* γRi'β"	*non* A'Bu'io Mau. (cum g)	*nec* δzT[V] / *non* Fλ'πϱbu'R
8, 15. *celeres fugae* γ Ri'β"	*celeris fuga* A'Bo Mau.	*celeres fugae* FδzT π'ϱbu'R
8, 25. *aeacum* γRi' cons. β"	*aeacum* A'Bu'Gio Mau.	*aequum* FδzTϱb
8, 34. *ducit* γRβ"	*duxit* A'Bio Mau. cum c	*ducit* FδzTπ'ϱbu'R
9, 8. *que* γRi cum βh	*ue* A'BGio Mau. μ uar.	*que* FδzTπϱbu'R
9, 16. *lacena* γRi'β"	*lacena* A'Bu'Gio	*lacenae* Fλ'δzTπϱb
9, 19. *nec* γRi'β" cum ϱ	*non* A'BuGio Mau.	*non* λ'δzTπ'bu
9, 20. *ue* γRi'β" cum ϱ	*que* A'Bu'Go Mau.	*que* λ'δzTπbu'
9, 31. *sileri* γRi'β"	*silebo* A'Bμ uar. Go Mau.	*sileri* FδzTπ'ϱbu'R
9, 35. *que* γRi'β"	omittunt A'B Mau.	*que* Fδzπ'ϱbu'R (T deficit)
9, 52. *perire* γRiβ" [V']	*peribit* A'Bo Mau.	*perire* Fδzπ'ϱbu'R [V']
10, 5. *in faciem uerterit* γRi'β"	*in faciem uerterit* A' BGio Mau.	*uerterit in faciem* Fδz π'ϱbu'
10, 6. *speculo* γRiβ"	*in speculo* A'BGio Mau.	*speculo* Fδzπ'ϱbu'R
11, 7. *auet* γi'β" cum L	*auet* A'BuGio	*habet* Fλ'δzπϱbvR

DISCRIPTIO CLASSIVM.

I.	II.	III.
carm. IV 12, 11. *delectantque* γβ" cum L (R deficit)	*delectantque* A'BGo Mau.	*delectantem* FδzTϱb *delectante* πu'
12, 16. *merebere* γi'β" cum L (R deficit)	*merebere* A'BGioMau.	*mereberis* FδzTπϱbu'
13, 14. *cari* γRβ" [V]	*clari* A'Bvioμ Mau. (cum g)	*cari* FδzTπ'ϱbuR[V]
13, 22sq. *recte disponunt* γRiβ" cum ϱ (alt. m. incipit in ϱ)	*recte* A'Bu'io Mau.	*perperam disponunt* F δzTπ'b
13, 28. *delapsam* γRi'β" cum ϱ	*delapsam* A'BGio cons. Mau.	*dilapsam* FδzTπ'bu'
14, 5. *sol* γRβ" cum ϱ	*lux* A'ioc Mau. (B deficit)	*sol* FδzTπ'ϱbu'R
14, 11. {*brennos* γβ'i' cum gLϱoσ'c	*brennos* A'u' Mau. [V ut uid.]	*brennos* Fl'δzπbu'R [V ut uid.]
14, 19. *fatigaret* γRi' cum ϱ	*fatigaret* A'u'Gio Mau.	{*fatigarat* Fδzb {*fatigaret* l'Tπϱu'R
14, 28. *meditatur* γRi'β" cum ϱ	*minitatur* Au'o Mau. [V' ut uid.]	*minitatur* Fl'δzTπ'bn [V' ut uid.]
15, 11. *emouit* γRi'β" cum ϱ	*emouit* A'GioMau.	{*perperam* δzTπ'bu' {*emouit* Fl'R
15, 23. *que* γRi'β'	*que* A'uGio Mau.	*ue* FδzTπ'ϱbv
15, 25. *et* γRβ"	*omittunt* A'Gio Mau.	*et* FδzTπ'ϱbu'R
epod. 1, 5. *si omittunt* Mγ cum aσ'cGo (M redit)	*si* ABu'i	*si* Fl'δzu'R cons. ϱ
1, 10. *qua* MγRi'	*qua* A'BGiii	*quem* Fl'δzϱbu'
1, 21. *adsit* Mγi'	*adsit* A'BGi Mau.	*sit* Fδzπ'ϱbu'R
1, 28. *pascuis* MγR[V]	*pascua* A'B'Gioμ Mau. (C redit)	*pascuis* Fδzπ'ϱbu'R [V]
1, 29. *nec* MγRi	*neque* A'B'Go Mau.	*nec* Fδzπ'ϱbu'R
1, 29. *candens* Mγi'β"	*candens* Bu'Gio cons. C Mau.	*tangens* FδzbR
1, 34. *ut* MγRi	*omittunt* A'B'uGoMau.	*ut* Fδzπ'ϱbvR
2, 6. *nec* MγRi ut uid.	*neque* A'B'uGo Mau. [V']	*nec* Fδzπ'ϱbvR
2, 18. *aruis extulit* MγR	*agris extulit* A'B'Gio Mau. [V']	{*extulit agris* Fϱbv (u omis. *extulit*) {*agris extulit* l'δzπ[V']
2, 19. *gaudet* MγRi'	*gaudet* A'B'u'GioMau.	*gaudens* Fδzπ'
2, 25. *ripis* Mγ	*ripis* B' ut uid. Go Mau. cum g (B parum liquet)	*riuis* Fδzϱbu'[V]
2, 29. *at* MγRi'	{*aut* B'u'G corr. {*at* A'G pr. io Mau.	*at* Fδzπ'ϱbR
2, 33. *tendit* MγRi'	*tendit* A'B'u'Gio Mau.	{*tetendit* Fδz {*tendit* l'πϱbu'R
2, 54sq. *perperam disponunt* MγRν (redit ν)	*recte disponunt* A'B'u'GioMau.	*recte* Fl'δzπϱbu' (4, 4 desinit ϱ)
4, 15. *eques* MγRνi	{*et eques* G Mau. {*eques* B'u'io	*eques* Fδzπ'bu'Rν
5, 1. *regit* MγRνi'[V']	*regit* A'B'Gio[V']	*regis* Fl'δzπu'
5, 3. *et* MγRνi[V]	*aut* A'B'Go Mau.	*et* Fδzπ'bu'Rν[V]
5, 11. *haec* MγRνi'	*haec* A'B'u'Gio Mau.	*haec et* Fδzπ'b
5, 15. *implicata* MγRνi	*illigata* A'B'G Mau. μ uar.	*implicata* Fδzπ'bu'Rν

DISCRIPTIO CLASSIVM.

I.	II.	III.
epod. 5, 20. *nocturnae strigis* MγRν	*strigis nocturnae* A'B'Gio Mau.	*nocturnae strigis* F δzπ'bu'Rν
5, 21. *hiolcos* Mγi' cons. Rν[V]	*hiolcos* A'BGio [cons. V]	*colchos* Fλ'δzπu' cum g
5, 21. *atque* MγRνi	*aut* A'B'Gio Mau.	*atque* Fδzπ'bu'Rν
5, 34. *inemori* MγRνi'	*inemori, innemori* A'B'uGio	*innemori* Fλ'δzπ cons. bν
5, 55. *formidolosae* Mγi' cum L [V]	*formidolosis* A'B' Mau.	*formidolosis* Fλ'δzπ bRν cum g
5, 55. *cum* MγRνi'	*cum* A'B'Gio Mau.	*dum* Fδzπ'bu'
5, 58. *suburanae* MγRνi'	⎧*suburbanae* Mau. ⎨ ⎩*suburanae* B'u'Gio	*suburanae* Fδzπ'bu' Rν
5, 60. *laborarint* MγRν[V']	*laborarunt* A'B'Giom Mau. (*laborauerunt* μ)	*laborarint* Fδzπ'bu' Rν[V']
5, 65. *imbutum* MγRν	*infectum* A'B'Gio	*imbutum* Fλ'δzπ'bu' Rν
5, 79. *mari* Mγi' (ν deficit)	*mari* A'B'u'Gio Mau.	*mare* Fδzπ bR
5, 98. *contundet* MγR	*contundat* A'B'Gio Mau	*contundet* Fδzπ'bu R
5, 102. *effugerit* MγRi'	*effugerint* A'B'μ Mau.	*effugerit* Fδzbu'R
6, 3. *uertis* MγRi	*uertis* A'B'io Mau.	*uerte* Fδzbu'[V']
6, 4. *petis* MγRi	*petis* A'B'io Mau.	*pete* Fδzbu'[V' ut uid.]
6, 5. ⎧*laco* Mγ ⎩*lacon* Ri'	*laco* A'B'o	*lacon* Fλ'δzπ'bu'R
6, 15. *petiuerit* MγRi'	*petiuerit* A'B'u'Gio Mau.	*oppetiuerit* Fδπ'b
7, 15. *ora pallor albus* MγR	*albus ora pallor* A'B'Gio Mau. cum k	*ora pallor albus* F δzπ'bu R
9, 1. *repositum* MγRi'	*repositum* A'B'Gio	*repostum* Fλ'δ"bu' (d incipit, δ" = δdz)
10, 18. *auersum* MγRi	*auersum* A'Cu'i (Bo deficiunt)	⎧*aduersum* Fλ'δR ⎩*auersum* dzπ'bu'
11, 2. *percussum* MγRi'	*percussum* A'BGi	*perculsum* Fλ'δ" π'bu
12, 2. *cur* MγRi	*quid* A'B'G Mau. ut uid.	*cur* Fλ'δ"bu'R
12, 3. *mittis* MγRi cons. G	*mittes* AB Mau.	*mittis* Fδ"π'bu'R
12, 8. *crescit* Mγi' cum L	*crescit* A'B'u'Gi Mau.	*crescat* Fδ"πbR
12, 22. *properabantur* Mγ	⎧*properabuntur* Gi Mau. cum R ⎩*properabantur* B'u'	*properabantur* Fδ" π'bu'
13, 11. *grandi cecinit* MγR	*cecinit grandi* A'B'Giμ Mau.	*grandi cecinit* Fδ"π' bu'R
14, 3. *ut si* Mγi'	*ut si* A'B'Gi Mau.	*uti* Fδ"buR sim. ν
14, 15. *neque* MγRi' cum β"	*nec* A'B'u'Mau. (redit o)	*nec* Fλ'δ"π'bu'
15, 12. *uiri* γi' cum L (M non liquet)	*uiri* A'B'u'Gi Mau.	*uirium* Fδ"b sim. R
15, 14. *quaeret* MγRi'	*quaerit* A'B	*quaeret* Fλ'δ"bu'R
15, 17. *tu* MγRi'	*tu* A'B'u'Gio Mau.	*omittunt* Fδ"π'b
16, 8. *abominatus a* MγRi'	⎧*abominandus* Mau. ⎩*abominatus* B'u'Gio	*abominatus* Fδ"π'b u'R
16, 12. *eques a* MγRi'	*perperam* AB' Mau. ut uid.	*eques* Fλδ"π'bu'R

DISCRIPTIO CLASSIVM.

I.	II.	III.
epod. 16, 14. *videri* aM yRi'[V]	*videre* AB'Mau. ut uid.	*videri* Flδ"π'bu'R[V]
16, 33. *flauos* aMyRi'	{ *ranos* AB[V] cons. C Pph. *saeuos* l'	*flauos* Fδ"π'bu'R cum g
16, 48. *lympha* aMyi'	*lympha* AB'u'GioMau.	*nympha* Fδ"bR
16, 51. *ouile* MyR cum G (i non liquet)	*ouile* AB'vGo Mau.	{ *ouili* Fδ"u[V] *ouile* l'π'bvR
16, 65. *aere* aMyRi'	{ *aerea* Mau. *aere* B'u'Gio	*aere* Fδ"π'bu'R
17, 5. *refixa* aMyi'	*refixa* AB'Gio	*defixa* Fl'δ"πbu'R
17, 11. *unxere* aMyR [V]	*luxere* AB'io Mau. (cum g)	*unxere* Fδ"πbvR[V] cons. u
17, 18. *relapsus* aMyR	*relatus* AB'Gi Mau. μ uar.	*relapsus* Fδ"π'bu'R
17, 22. *amicta* aMyRi'	*amictus* AB'o Mau.	*amicta* Fδ"π'bu'R
17, 24. *a labore* ayRi'	*a labore* AB'Gio Mau.	*ab labore* Fδdπbu' cons. z
17, 40. *sonari* aMyvi' cum β" (redit v)	*sonare* AB'u'Mau. ut uid.	*sonare* Flδ"π'bu'R
17, 47. *nec* aMyRvi'	*nec* ABGio	*neque* Fl'δ"b
17, 57. *sacrum* aMyR vi'	*sacrum* AB'Gio Mau.	*sacra* Fδ"π'bu'
17, 60. *proderit* aMy vi' cons. R	*proderat* AB Mau.	*proderit* Fδ"π'bu'v cons. R
17, 62. *sed* aMyRi' (v deficit)	*sed* AB'Gi (Mau. ut uid.)	*si* Fl'dππ'bu' (δ deficit)
17, 64. *doloribus* aM yRv	*laboribus* AB'i Mau.	*doloribus* Fδ"π'bu'Rv
17, 67. *aliti* aMyvi' [V]	*aliti* AB'GioMau.[V]	*alite* Fδ"πbu'R
17, 80. *poculum* aMyR vi	*pocula* AB'Goμ uar. Mau.	*poculum* Fδ"π'bu'Rv
17, 81. *habentis* ayRv cum G	*agentis* AB'u'io Mau.	*agentis* Fl'δ"u'
17, 81. *exitus* aMyi	*exitus* AB'io Mau. ut uid.	*exitum* Flδ"π'bu'Rv
carm. saec. 23. *totiens* aMyRvi'c cons. β"	*totidem* AB'o Mau.	*potiens* Fδ"πb (*totiens* u')
39. *urbem* aMyRvi'c	*urbes* AB' Mau.	*urbem* Fδ"π'bu'R
57. *honor* aMyRvi'c	*honor* AB'u'Gio	*honos* Fl'δ"π'b
65. *aras* MyRvc[V]	*arces* AB'u'GiMau.	*arces* Fl'δ"u'
68. *proroget* aMyRi'c	*prorogat* AB' Mau. [V]	*proroget* Fδ"π'bu'R cum g
serm. I 1, 23. *ne* aDM E'yRvi'	*ne* B'σ'u'i'm	{ *nec* Fl' *ne* δ"π'bRv
1, 38. *patiens* aDME' yRvi'	*patiens* Bgσ'u'i'm	*sapiens* Fl'δ"πb[V]
1, 46. *quam* aDME'yi	*ac* BσuGc	*ac* Fl'δ"πbuRv
1, 55. *mallem* aDE'yv i' cons. M	*mallem* gσ'vim (*malle* B)	*malim* Fl'δ"πuR
1, 57. *delectet* aDME' yRvi	*delectet* Bgvi'xm	{ *delectat* Fl'u *delectet* δ"π'bvRv
1, 60. *nec* DME'yi	*neque* Bgσu'	*neque* Fl'δ"π'bu'Rv
1, 79. *optarem* aDME' yi'	*optarem* Bgσ'i'm	*opturim* Fl'δ"π'bu'Rv

DISCRIPTIO CLASSIVM.

I.	II.	III.
serm. I 1, 91. *campo* a DME'γRνi'	*campo* Bσ'u'i'm	*campum* Fλ'δ"b
1, 101. *mihi* aDME'γRν	*mi* gxu'i'mc (ṁ B)	*mihi* Fλ'δ"π'bRν
1, 101. *aut* aDE'γRν i'[V]	{*an* Bg {*aut* σu'i'm[V']	*aut* Fλδ"π'u'Rν[V']
1, 108. *nemon* aME'γRi'	*nemon* Bσu'i'm	*ne non* Fλ'δ"π'ν
1, 115. *suis* aDME'γνi	*suos* Bu'	*suos* Fλ'δ"πu'R
2, 3. *tigelli* aDEγνi' (e desinit)	*tigelli* Bgσ'u'i'm	*tigilli* Fλ'δ"π cum j
2, 6. *propellere* aDME γi'	*propellere* Bgσ'i'm	*depellere* Fλ'δ"πu'Rν
2, 12. *fufidius* DME γRi	*fufidius* BgGmci ut uid. [V']	*furidius* Fλ'δ"πu'ν
2, 28. *nolint* MEγRν	*nolint* Bgσ'm	{*nolunt* φlu' cum j {*nolint* φλδ"π'Rν
2, 38. *moechis* aDMγRνi'	*moechis* Bgσ'u'i'm	{*moechos* Fλ' {*moechis* δ"π'u'Rν
2, 51. *munifico* aDM EγRνi[V']	*munifico* Bgσ'u'im [V']	*munificum* Fλ'δ"π
2, 71. *conferbuit* aD MEγνi cons. R	*conferbuit* Bgσ'vi'm	*ferbuit* Flδzu (d desinit)
2, 97. *tum* aDMEγRν i'[V']	*tum* Bg'σi'm[V']	*dum* Fλ'δzbu' cum L (π deficit)
2, 99sq. *recte ponunt* aDMEγRi	*recto ponunt* Bgσ'u' im	{*inuerso ordine* Fλ'ν {*recto ordine* dzu'R
2, 99. *palla* aDMEγi'	*palla* Bgσ'u'i'm	{*nam te* Fλ'δzν {*omittit* cum L
2, 100. *recte* aDMEγ νi'	*recte* gσ'u'i'm cons. B	{*omittunt* δzR cum L {*recte* Fλ'ν
2, 110. *pelli* aDMEγR νi'	*tolli* B[V] (*illi* g)	*pelli* Fλ'δzu'Rν
2, 121. *philodemus* a DMEγνi'	*philodemus* Bgσ'u'i' m	*philodamus* Fλ'R cons. z (δ deficit)
2, 124. *dat* aMEγi'	*dat* Bgσ'i'm	*det* Fλ'zu'Rν
2, 127. *uereor* aDME γνi' (R deficit)	*uereor* Bgσ'i'm	*uetuo* Fλ'zu'
2, 130. *desiliat* aDM Eγi'	*desil.* Bgσ'i'm	*dissiliat* Fλ'zu'Rν
3, 4. *tigellius* aDMγν	*tigillius* Bgν	*tigellus* Fλ'z cons. R
3, 8. *resonat* aDMEγ Rνi'	*resonat* Bσ'u'i'm	{*resonet* φλ' {*resonat* φzu'Rν
3, 29. *aptus* aDMEγ νi'	*aptus* Bgσ'u'i'm	*actus* Fλ'z (R deficit)
3, 34. *corpore* aDME γνi'	*corpore* Bgσi'm	{*pectore* Fλ'u' cum j {*corpore* zν
3, 35. *inseuerit* aDM Eγνi'	*inseuerit* Bgσ'vi'm cons. u	{*insederit* Fλ' {*inseuerit* zvν
3, 38. *amicae* aDMEγ νi'	*amicae, amice* Bgσ'u'i'	*amici* Fλ'z et ji ut uid.
3, 43. *ac* DMEγi'	*ac* Bgσ'i'm	*at* Fλ'zν cons. u'
3, 64. *ut* aDMEγνi'	*ut* Bgσ'vi'm	*aut, haut, haud* Fλ'zu
3, 65. *molestus* aDM Eγνi'	*molestus* Bgσ'u'i'm	*modestus* Fλ'z
3, 74. *ignoscet* aDME γνi'	{*ignoscat* Bu' {*ignoscet* gσ'i'm	*ignoscet* Fλ'zν

I.	II.	III.
serm. I 3, 92. *mea* aDMEγRνi'	*mea* gσ'u'i'm (B deficit)	*me* Fλ'z
3, 128. *quo* aDMEγRνi'	{ *qui* Bυν uar. c ε { *quo* gσ'vi'tu	*quo* Fλ'zνRν
4, 26. *misera* aDMEγνi'	*misera* gσ'vi'm (B desinit)	*miser* Fλ'zu cum L cons. R
4, 30. *tepet* aDMEγi'	*tepet* gσ'vi'm	*patet* Fλ'zuRν
4, 35. *non hic* aDMEγi' corr. ν	{ *non hic* σ'vi'm { *non non hic* g	*non non* Fλ'zR
4, 50. *grandi* aDMEγi'	*grandi* gσ'u'i'm	*grandem* Fλ'R
4, 54. *puris* aDMEγνi'	*puris* gσ'u'i'm	*pueris* Fλ'R
4, 54. *uerbis* aDMEγνi'	*uerbis* gσ'u'i'm	{ *uerbum* Fλ' { *uerbis* zRν
4, 58. *uerbum* aDMEγνi'	*uerbum* gσ'u'i'm	*uersum* Fλ'zR
4, 70. *sulci* aDMEγRνi'	*sulci* gσ'ui'm	*sulgi, sulgii* Fλ'zν
4, 79. *inquit* aDEγi	*inquis* gσ'u'i'm	*inquis* Fλ'zu'RνG
4, 87. *unus* aDMEγRi'	*unus* gσ'u'i'm	*imus* Fλ'zν ut uid.
4, 108. *parasset* aDMEγRi'	*parasset* gσ'u'i'm	{ *perperam* λ'ν { *parasset* Fzu'R
4, 125. *flagret* aDMEγRνi'	*flagret* Cgσ'u'i'm (incipit C)	{ *fraglet* Fλ'ν { *flagret* zRν
4, 126. *auidos* aDMEγRνi'	*auidos* Cgσ'u'i'm	{ *uides* Fλ'u uar. { *auidos* zu'Rν
4, 131. *ignoscas* aDMEγRi'	*ignoscas* Cgσ'u'i'm	*ignoscat* Fλ'zν
1, 132. *abstulerint* aDMEγν	*abstulerit* Cgσu'i'm	*abstulerit* Fλ'zu'R
4, 139. *inludo* aDMEδRi'	*inludo* Cgσ'ui'm	*incumbo* Fλ'zνu uar. ν
5, 39. { *proxima* aγ { *postera* DMERνi'	*postera* Cgσ'u'i'm	*postera* Fλ'zRν
5, 71. *recta* aMEγRνi'	*recta* Cgσ'i'	*recte* Fλ'zu'
5, 79. { *triciui* DEγR { *triuici* aMνi'	*triuici* Cgσ'u'i'm	*triuici* Fλ'zu'ν
6, 30. *barrus* aDMξEγνi cons. lt	*barrus* Cgσ'um	{ *uarrus* Fλ'zG { *uarus* v
6, 39. *de* aDξEγRνi	*e* gσuizzscxjz (om. G) (ex μ)	*de* Fλ'zRν (om. ν)
6, 58. *clarum* aMξEγ	*claro* gσ'u'i'm (C deficit)	*claro* Fλ'zu'Rν
6, 65. *ac* aDMξEγRνi'	*ac* gσ'u'i'm	{ *aut* Fλ' { *ac* zu'RνG
6, 66. *alioquin* aMξEγνi'(D?)	*alioquin* gσu'i'm	*alioqui* F'zR cum x cons. λ'
6, 83. *seruauit* aDMξEγνi	*seruauit* gσ'uim	{ *seruabat* Fλ'νu uar. { *seruabit* RG
6, 96. *sibi* aDMξEγRνi'	*sibi* gσ'u'i'm	{ *si* Fλ' { *sibi* zu'Rν

DISCRIPTIO CLASSIVM.

I.	II.	III.
serm. I 6, 126. *rabiosi tempora signi* aM ξEν cons. DγRi'	*campum lusitque (lusumque) trigonem* g [V'] / *rabiosi (rapidosi* Gis) *tempora signi* σ' u'i'm [V uar.]	*rabiosi tempora signi* Fλ'zu'Rν
7, 8. *barros* aMEγR νi'	*barros* gσ'u'i'm	*uarros* Fλ'ν / *uaros* zu corr. G
7, 17. *pulchrior* MEγR νi cons. aD	*pigrior* gσ'u'[V'] cum Gh	*pulchrior* Fλ'zRν
7, 30. *uindemiator* uMEγi	*uindemiator* gσ'u'm	*uindemiator* Fλ'zu'Rν
8, 6. *ast* aDMEγνi'	*ast* gσ'u'i'm	*est* Fλ'R
8, 9. *uili* aDMEγRνi	*uili* gσ'u'im	*uilis* Fλ'z cum GL
8, 12. *cippus* aDMEγRνi (u. 48 incipit fragm. ζ)	*cippus, cipus* gσ'u'im (*c//ipus* G)	*ciprus* Fλz *cyprus* l
9, 3. *accurrit* aDMEγRζνi [V]	*occurrit* gua corr. xG cum jzμι	*accurrit* Fλ'zνRζν [V]
9, 16. *persequar* aMEγRζi'	*persequar* gσ'u'i'm	*prosequar* Fλ'zν
9, 39. *aut ... aut* aDMξEγRζi'	*aut ... aut* gσ'vi'm	*haud ... haud* Fλ'zuν
9, 43. { *sequar* aγ / *sequor* DMER ζνi'	*sequor* gσ'u'i'm	*sequor* Fλ'zRζν
9, 51. *aut* aDMEγRζνi'	*aut* gσ'u'i'm	{ *haud* Fλ' / *aut* zu'Rζν
9, 63. *tendis* aDMEγRζ uar. νi'	*tendis* gσ'u'i'm	*tendit* Fλ'zζ
9, 66. *bilis* aDMEγζνi'	*bilis* gσ'u'i'm	*bellis* Fλ'zR
10 init. *non interpolati* aDMEγRνi[V]	*non interpolati* gσ'ui'm[V]	{ *interpolati* Fλ'νζ / *non interpolati* zu Rν [V]
10, 2. *inepte* aDMEγζ	*inepte* gσ'u	{ *inepti* zR cum L (νs *inepte*) / *inepte* Fλ'ζ
10, 7. *diducere* aDMEγRνi	*diducere* gσvim	*deducere* Fλ'znζ
10, 13. *urbani* aDMEγζν (*urbani//* i)	*urbani* gσ'u'm	{ *perperam* FlR / *urbani* λzu'ζν
10, 24. *ut* aDMEγζ uar. i	*ut* gσ'u'im	*et* Fλ'zRζν
10, 26. *petelli* aMEγR	*petilli* gσ'u'i'm	*petilli* Fλ'zζν
10, 27. *latini* aDMEγζνi' [V']	*latini* gσ'u'i'm[V']	*latine, latine* Fλ'zRν uar.
10, 47. *possem* aDMEγζνi	*possem* gσ'ui'm	*possim* Fλ'zνR
10, 65. *urbanus* aDMEγRζνi'	*urbanus* gσ'u'i'm	*urbanis* Fλ'z
10, 66. *dilapsus* aDMEγνR	*dilatus* gσ'i'm cum L	*dilapsus* Fλ'zu'Rζν
10, 75. *uilibus* aDMEγRζνi'	*uilibus* gσ'u'i'm	{ *milibus* ψλ' / *uilibus* φzu'Rζν
II 1, 4. *deduci* aDMEγRνi'	*deduci* gσ'vi'm	*diduci* Fλ'zζ

I.	II.	III.
serm. II 1,18. cum aDM ξEγνi'	cum gɔ'ui'm	dum ψλ'νζ (R desinit) / cum ψzuν
1, 22. que aDMξEγνi'	queguɛ in litura xi'm	ue Fλ'zνζ
1, 56. male MξEγζ / mala aDνi'	mala gɔ'u'i'm	mala Fλ'zζ superscr. ν
1, 68. atqui aMξEγζi'	atqu. gɔ'u'i'm (alque g atquin ν)	et qui Flν ut uid. / atqui λzζ
2, 13. aera aDMEγζνi'	aera gɔ'u'im	mera Fl cum G₁ ut uid. / aera λzu'ζν
2, 29. hac aDMEγζνi'	haec, hec gu'	hac Fλ'zζν
2, 29. illa aDMγζνi'	illam gɔ' cum E	illa Fλ'zuζν
2, 31. an aDMEγζνi'	an gɔ'u'i'm	in Fl / an λzζν
2, 35. quo aDMEγνi'	quo gɔ'ui'm	quid Fλ'zνζ
2, 38. raro aDMEγζνi' [V']	raro gɔ'vi'm [V']	raris Flzu
2, 40. uelle Dγ (uellet ν) / uellem aMEζi'	uellem gɔ'u'i'm	uellem Fλ'zu'ζ
2, 41. quamquam DM Eγζνi' cons. a	quamquam gɔ'u'i'm	quamuis Fλ' / quamquam zu'ζν
2, 42. male EMν cum Lm / mala aDγζi'	mala gɔ'u'i'	mala Fλ'zu'ζ
serm. II 2, 48. aequora alebant EMi' / aequor alebat aDγζν	aequor alebat gɔ'u'i'm	aequor alebot Fλ'z u'ζν
2, 53. a aDMEγζνi'	a gɔ'u'i'	ac Flz
2, 59. olei aDMEγζνi'	olei gɔ'ui'm	olet Fl (oleum ν) / olei λzζ
2, 65. qua aDMEγi [V']	qui gɔ'u' cum Gjμm	qui Fλ'zu'ζν
2, 99. trauxius aDMγ[V']ζ uar. i'	trauxius gɔ'ui' [V']	trauxius Flzν tranlius ν
2, 112. puerum aDMEγν	puer gɔ'u'im ζ marg. cum jμc	puerum Flzν cum bG (deficit ζ₁)
2, 114. metato aDEγζνi'	metato gɔ'u'i'm	metatum Fλ'z
2, 116. edi luce aDM Eζbi' edi'luce γ	edi luce gɔ'u'i'm	et edulce Fl de luce λ & de luce ν / edi luce zu'ζb
3, 21. uafer aMEγζν i' (D deficit)	uafer gɔ'vi'm	faber Fλ'z (a desinit)
3, 41. si erit aMEγζνi	si erit gɔ'vim	siet Fλ'G pr. (a desinit) / si erit bννζ
3, 63. similem aMEγ ζνi	similem gɔ'vi	similis Fl / similem λbζν
3, 69. a nerio aMξEγ ζνi' [V']	nerio gɔ corr. xm cum b	a nerio Fλ'bνζν[V]
3, 98. periret aDMξ Eγζi	periret gɔ'vim	perisset Fλ'bν
3, 108. istis aDMξEγi	istis gɔ'vi	iste Fλ'ζν sim. b
3, 156. emptae DME γνi cons. aζ	emptae ɔ'i empte gν (empta ē m)	empti Fλ' / emptae bνν empte ζ
3, 163. aut aDMEγνi'	et gνɔ uar. xm	aut Fλ'bζν

DISCRIPTIO CLASSIVM.

	I.	II.	III.
serm. II 3, 188.	nihil DME (nil G a) / nil aγζνi	nil gσ'vm	nil Fλ'bvζν
3, 204.	ulixen Dγν cum h x m / ulixem aMEζi	ulixem gσv	ulixem Fλ'bvζ
3, 213.	uitio aDMEγ ζνi'	uitio gσ'vi'm	omittunt Fλb / uitio lvζν
3, 219.	gnatam aDγζν sim. E (M deficit)	natam gvixc	gnatam Fλ'bζν
3, 224.	nomentanum aDEγνi'	nomentanum gσ'vi'm	nomen uanum Fλ / nomentanum lbvν
3, 225.	uincet aDEγνi' [V]	uincet gσ'vi'jm[V']	uincit Fλ'ζ / uincet bvν[V]
3, 227.	et dicit aDE / edicit γζνi	edicit gσ'vi'm	edicit Fλ'bvζν
3, 235.	uellis aDEγζi'	uellis gσ'vi'	uerris Fλbν[V]l uar.
3, 247.	plostello aDE γζνi	plostello g corr. σ'vim cons. g pr. G	post. Fλ' / plost. bvζν
3, 249.	delectet aDE γζνi	delectet gσ'vim	delectat Fλ'G / delectet bvζν
3, 294.	reducet aDE γζνi	reducit gσGcm	reducet Fλ'bvζν
3, 303.	demens aDEγζ νi uar.	manilius gσ uar. ijm .[V']	demens Fλ'bvζν
4, 3.	anytique aDME γνi	anytique gvim cons. σ'	perperam Fλ'G (3, 317 desinit ζ) / recte bvν
4, 11.	celabitur aDM γνi' cons. E	celabitur gσ'vi'm	celebrabitur F cons. λ' / celabitur bvν
4, 14.	cohibent aDM Eγνi'	cohibent gσ'vi'm	prohibent Fλ' / cohibent bvν
4, 47.	tantum aDMγ νi'	tantum gσ'vi'm	tamen Fλ' / tantum bvν
4, 49.	ne sint aDME γνi'	ne sint gσ'vi'm	nescit Fλ / ne sint lbvν
4, 60.	hillis aDME γνi	hillis σ'vim / hilla g	illis Fλ'G / hillis bvν
4, 68.	addes aDME γνi'	addes gσ'vi'm	addens Fλ' / addes bvν
4, 83.	lutulenta aMζ Eγi'	lutulenta gσ'vi'm	luculenta Flν / lutulenta λbv
5, 3.	doloso aDMζE γνi'	doloso gσ'vi'm	dolosos Fλ' / doloso bvν
5, 7.	atqui aDEγi' (ζ M deficiunt)	atqui gσ'i'm cons. v (atquin)	aut qui Flν
5, 18.	troiae aDMζE γi'	troiae gσ'vi'm	troia lbνt / troiae Fλv
5, 30.	persta aDζE γνi' (M non liquet)	persta gσ'vi'm	presta Fλ' / persta bvν
5, 88.	institerat aDM γi' (ζEν deficiunt)	instit. gσ'vi'm	perperam Fλ'b (ν deficit)
5, 90.	offendet aDM γi'[V']	offendet gσ'vi[V']	offendit Fl / offendet λbv [V] (ν deficit)

g*

DISCRIPTIO CLASSIVM.

I.	II.	III.
serm. II 5, 93. *increbruit* DMy[V']	*increbruit* gGσ corr. x[V']	*increbuit* Fλ'v *increpuit* bν
5, 104. *uultum* ayvi' (DM deficiunt)	*uultum* gσ'vi'm	*multum* Fl *uultum* λbvv
6, 11. *tremauro* ay	*thesauro* gσ'vi'm	*thesauro* Fλ'bvv
6, 27. *mi* ayi'	*mi* gσ'vicm p. ras. j	perperam Fλ'b (v deficit)
6, 27. *locuto* ayi'	*loeuto* gσ'vi'm	perperam Fλ'y (v deficit)
6, 48. *noster* ayi'	*noster* gσ'vi'm	*nri̅* Fl *noster* λbv (v deficit)
6, 89. *exhibent* aEξy i' (ξ redit)	*exhibent* gσ'vi'm	omittunt F cons. λ (bv deficiunt)
6, 91. *praeruptis* aEy(ξ deficit)	*praerupti* σ'vi'm cons. g	*praerupti* Fλ'v (v deficit)
6, 106. *ubi* aEξyi'	*ubi* gσ'vi'm	omittunt Fλz (v deficit)
7, 7. *capescens* aEyi cum h	*capessens* gσ'vm	*capessens* Fλzvv
7, 17. *phimum* aEξyv cons. i [et V]	*pirgum* gσ'Gjm cons. vμ	*fimum, phimum* Fλ'zv [cons. V]
7, 19. *leuius* aEξyv (e *leuius* i)	*leuius* gσ'vm	*est melius* Fλ' *leuius* zvv
7, 43. *dragmis* Eyvi'	*dragmis* gσ'vi'm	*dracmis* Fλ' *dragmis* zvv
7, 48. *intendit* Eyi[V]	*incendit* gvGLmji uar. x corr.	*intendit* Fλ'z [V] (v deficit)
7, 60. *deminit non recto loco ponunt* aEy	*suo loco ponunt* gσ'vi'm	*suo loco ponunt* Fλ' zv
7, 72. *ais* Ey corr. i' (aio y pr.)	*ait* gPh.' *ais* σ'vi'm	*ais* Fλ'zv
7, 72. *nasa* Eyi'	*nisa* g[V'] *nasa* σ'vi'm	*nasa* Fλ'zv
7, 78. *super* Eyi	*super* gσ'vi	*supra* Fλz
7, 79. *uti mos* Eyi'	*uti mos* gσ'vi'm	*ut est most* Fλ *uti mos* λzvε
7, 100. *et* Eyi'	*et* gσ'vi'm	omittunt Fλ'v
8, 10 *ubi* Eyi	*ubi* gσ'vim cum Gz mg.	*ut* Fλzvε
8, 24. *absorbere* Eyvi	*absorbere* Cgσ'v'im	*obsorbere* λzε *absorbere* Flvv
8, 70. *recte pueri* Ey	*pueri recte* Cgi'm cum L	*recte pueri* Fλzv(lεv deficiunt)
8, 88. *albi* Eyi'	*albae, albe* g[V'] *albi* Cσ'vji'm	*albi* Fλzv
8, 89. *anulsos* Eyi'	*auulsos* gσ'vi'm	*uulsos* zε *auulsos* Flv
epist. I 1, 6. *exoret* A'Myllvi'	*exoret* Egσ'vi'm	*exornet* Fλ'δ"bπ uar. (ε non liquet)
1, 14. *adductus* A'My Ri'	*addictus* gσ'vm	*addictus* Flδ"x'vbv ε (iz ut uid.)
1, 43. *repulsam* A'MyRi'	*repulsam* Egσ'vi'm	*labore, laborem* δ"π Rv (ε deficit) *repulsam* Fλ'bv
1, 48. *discere* A'Myvi'	*discere* Egσ'vi'm	*dicere* Fλ'δ"πR

DISCRIPTIO CLASSIVM.

I.	II.	III.
epist. I 1, 57 sq. non recte disponunt A′MγRνi′	{ recte disponunt Eg { perperam disponunt σ′ vi′m	perperam disponunt Fλ′ δ″π′νbνRε
1, 58. desunt A′MγRνi′	desunt Egσ′i′m	{ desint Fλ′v { desunt δ″πbRνε
1, 72. aut A′Mγi	aut Egσ′i	{ ac Fλ′v { et δ″πbRν (ε deficit)
1, 76. quem A′MγRi′	quem Egσ′vi′m	quae, que Fλ′δ″πν
1, 83. orbe A′MγRνi′	orbe Egσ′vim	{ urbe Fδ″ { orbe λ′π′bνRν
1, 101. putas A′MγRi′	putas Egσvi′x corr. m	{ putat FλπRν { putas lδ″bν
2, 4. planius A′Mγi	planius Egσ′im	plenius Fλ′δzπbνRνε [V] (deficit d)
2, 8. aestus A′Mγi	aestus Egσ′i	aestum Flδzπ′vRε [V] (b deficit ν euanuit)
2, 10. quid A′MγRi′	quid Egσ′vim	quod Fλ′δzνε
2, 19. ulixen A′Mγνi′ cons. R	ulixem Egvx (cons. λ)	ulixen lδzπ′bν cons. FR (ε deficit)
2, 23. aduersis A′MR νi′ (et uersis γ)	{ aduersus gE uar. cum λ { aduersis Eσ′vi′	aduersis Flδ″π′vRνε (b deficit)
2, 31. curam A′MγR νi′	{ somnum Eg cum ε [V] { somnos x { curam σvjE uar. g uar. xε uar. m	curam Fλ′δzπ′bνν
2, 33. atqui A′Mγi	atqui Egσ′im cons. v	atque Fλ′δzπ′Rεν [V]
2, 38. siquid A′MγRi	siquid Egσ′vim	{ siquod Fλ′νG { siquid δzπ′bνRε
2, 41. uiuendi qui recte A′MγRνi′	qui recte uiuendi Egσε xj	uiuendi qui recte Fλ′δz π′bνRνε
2, 48. febrem A′MγRi	febres Egvm	febres Fλ′δzπ′bνεν
2, 59. irae A′MγRνi	irae Egσ′vim	iram Fλ′δzπ
2, 63. catena A′MγR νi′	catenis Egσεxm cum jc	catena Fλ′δzπ′bνR εν
2, 65. monstret A′MγRi′	{ monstrat gσvm cum j pr. { monstret Eix	monstret Fλ′δzπ′bRε
3, 4. turris aMγi′ (A deficit)	turris Egσvi′m	{ terris, terrus δπRνxl [V] { turris Fλ′zbνε
3, 22. et A′MγRνi	et Egσ′vim	{ nec Fλ′b { et δzπvRνε
4, 7. { dederunt A′γR { [V] { dederant Mνi′	dederant Egσ′ii ut uid. jcm	dederunt Fλ′δzπνRε [V]
4, 11. mundus A′My Rνi	mundus Egσ′im	modus et Fλ′δzπν
5, 5. menturnas A′MγR	minturnas Egσ′vi′m	minturnas Fλ′δzπ′b ννε
5, 25. ut A′MγRνi′	ut Egσ′vi′m	{ et Fλ′ { ut δzπbνRνε
6, 6. arabas A′MγRνi′	arabas Egσ′vi′m	{ arabes Fλ′ { arabas δzπ′vRνε
6, 9. his A′MγRνi′	his Egσ′vi′(m εeras.)	is Fλ′δz
6, 13. ne A′Mγνi	ne Egσ′vi	{ perperam δzRε { ne Fλ′π′bνν

I.	II.	III.
epist. I 6, 34. et omittunt A'Myi ι ut uid. m	et Egvσεx	et Fλ'δzπ'bvRvε
6, 41. posset A'Myi'	posset Ego'vi'm	possit, possunt δzπb Rv / posset Fλ'v (ε non liquet)
6, 50. saeuum A'MyR vi'	laeuum Eσεx	saeuum Fλ'δzπ'bvRvε
6, 51. fodicet A'MyRv [V]	perperam go'vi cum εbjμc / fodicet Em[V]	fodicet Fλ'δπ'bRv [V] (ε non liquet)
6, 51. pondera A'MyRvi	pondera Ego'vi'm	pondere Fλ'δzπ' (ε non liquet)
6, 53. hic A'Myi'	hic Ego'i'm	his, is δzπRvε / hic Fλ'bv
6, 55. adopta A'MyRvi'	adopta Ego'vi'm	adapta Fλ' / adopta δzvbRvε
6, 58. gargilius A'yRvi' (M deficit)	gargilius Ego'vim	gragilius Fλ'δzb (garrilius ε)
6, 64. patria A'yi'	patria Ego'vi'm	patriae vλ'δzπ'bRvε
6, 68. nil, nihil A'yi ut uid.	nil Ego'i ut uid. (non i.) m cum j	non Fλ'zπbvRvε
7, 2. atque A'yRvi'	atqui Ev	atque Fλ'δzπ'bRv
7, 3. sanum recteque A'yR	sanum recteque Ego'm	perperam Fλ'δzπvεv
7, 9. adducit A'yi	adducit Ego'vim	adducet δzπbRvε / adducit Fλ'v
7, 19. relinques ayvi cons. A	relinques Ego'vim	relinquis Fλ'G / relinques δzπ'bR vε
7, 40. haut, haud A'y vi'	haut, haud Ego'vi'm	aut, at Fλ'δzπ'R
7, 51. purgantem A'y vi'	resecantem gE corr. x / purgantem ovi'm	purgantem Fλ'δzπ'b vRvε
7, 52. laeue, leue A'y Rvi	laeue, leue Ego'im	leui Fλ'δzπbv
7, 55. it ayvi' (cons. A)	it Eo'vi'm cum ε	et FλzπR
7, 55. menan A'y	menam Ego'vi'm	menam Fλ'δzπ'vRvε (b non liquet)
7, 57. loco A'yRvi	loco Ego'vim	locum Fλ'δzπ
7, 63. negat A'yi	neget Eοε / negat go'vim	neget Fλ'δzπbRvε
7, 66. saluare ay / saluere Avi'	saluere Ego'vim	saluere Fλ'δzbvRvε
7, 73. hic A'yvi'	hic Ego'vi'm	perperam Fλ'δzπRε
7, 93. ponere A'yi [V]	ponere Ego'i [V']	dicere Fλ'δzπ'bvRvε cum m
8, 12. uentosus A'yRvi	uentosus Ego'vim	uenturus Fλ'zπbε [V]
9, 8. ne A'yRvi'	ne Ego'vi'm	non Fλ / ne lzπ'bvRvε
10, 1. saluare A'y	saluere Ego'vi'm	saluere Fλ'zπ'vRvε (b non liquet)
10, 9. fertis A'yRv	effertis σvimq [V] / fertis Egx	fertis Fλ'zπ'bRvε

DISCRIPTIO CLASSIVM.

I.	II.	III.
epist. I 10, 12. si A'γRν	si Egσ'νm	sic Fl'zπbε
10, 18. depellat A'γi	diuellat Eσιx [V]	diuellat Fl'zπ'bRνε [V]
10, 25. fastigia A'γRν	fastidia Egσ'i cum ε hμ	fastigia Fl'zπ'νRν [uestigia bV]
10, 28. que A'γi	ue Egσιxνm [V']	ue Fl'zπ'bνRνε [V']
10, 42. ut A'γRνi	ut Egνσ'im cum ε	et Fl'z
10, 43. uret A'γRνi'	urget gσ'ν corr. mj	uret Fl'zπbνRνε
11, 4. que A'γRνi	ne Egσ'νm	ne Fl'zbνε
11, 7. gabiis A'γRνi'	gabiis Egσνi'm	glabiis Fl'π
11, 24. ut A'γi	ut Eσνi (g in ras.)	in Fl'zπ'bRνε [V]
12, 16. temperet A'γνi	temperet Egσ'νi	temperat Fl'zπR
14, 11. sors A'γRνi'	res Egσ'	sors Fl'zπ'bνRνε
14, 25. posset A'γRνi cum σ	possit Egνx	possit Fl'zπ'bνε
14, 33. cinarae (cinerae Aν) A'γRνi'	cinarae Egσ'νi'	{ cinyrae Fl' / cinarae zπ'bνRε
15, 4. { perriuor A'R cum π / perluor γνi' [V']	perluor Egσ'νi' [V']	perluor Fl'zbννε [V']
15, 9. clusinis A'γRν Gi'	{ clusinos E [V] / clusinis gσ'νi'	clusinis Fl'zπ'bνR νε
15, 9. gabios A'γRνi	gabios Egσ'νi	glabios Fl'zπ'ε
15, 13. { equi A'Rνιι ut uid. / qui γ cum j	equi Egσ'iι	{ equis zπ'bνεG (iz ut uid.) / equi Fl'Rν
15, 16. iugis A'γRνi'	dulcis Egνx [V']	iugis Fl'zπ'bRνε
15, 32. donabat A'γi	donabat Egσ'νi	donarat Fl'zπ'bνRνε [V]
15, 43 sq. perperam disponunt A'γRν	recte disponunt Eνi x corr. cons. σι	recte Fl'zbν
15, 45. aio A'γRνi'	aio Egσ'i'	alio Fl'zπ'νε
15, 46. uillis A'γRνi	uillis Egσ'νi	uallis Fl'zπε
16, 3. et A'γRνi'	{ an Egx cum cμ / et σνi'	et Fl'zπ'bννε
16, 5. si, sci A'γi	si, sci Egσ'i cum s	ni Fl'zπ'bνRνε
16, 8. benigni A'γi	benigni Egσi	benignae, benigne Fl'z π bνRνεx
16, 9. { et γi sim. L / omittit A'	si Egνxι [ni V]	si Fl'zπbνRνε
16, 30. { poteris A'Rν cum L / pateris γ	cupias Eσ'i cum hjz Gιημ	pateris Fl'zπbνεGε
16, 33. ut si A'γνi sim. R	ut si Egσ'i	aut si Fzbνε cons. l'
16, 34. detrahit A'γi cum x (detrahat R)	detrahet Egν	detrahet Fl'zπ'bννε
16, 45. { introrsum A' / inprorsum } A' MγR νi	introrsum Egσ'νi' cum j	{ hunc prorsus Fl'πε sim. z / introsus bl.
16, 46. dicat A'Mγi	dicat Egσ'νi	{ dicit zπ'bRν / dicat Fl'νε

I.	II.	III.
epist. I 16, 51. *suspectos* A'γi'	*suspectos* Egσ vi'	*suspectus* Fl'zπ'bRνε
16, 63. *qui...qui* A'MγRνi[V']	*qui...qui* Egσ'vi [V']	*quo...quo* Fl'zπε
17, 8. { *terentinum* A'γ / *ferentinum* MRνi'	*ferentinum* Egσ'vi'	*ferentinum* Fl'zπ'bνRνε
17, 19. *rectius* A'MγRνπ'i'	*rectius* Egσ'vi'	*regibus* Fl'z
17, 21. *poscis* A'MγRνi'	*pascis* Eg	*poscis* Fl'zπ'bvRνε
17, 28. *loca* A'Mγνi'	*loca* Egσ'vi'	*ioca* Fl'πR
17, 30. *angue* A'Mγi'	*angue* Egσ'iv uar.	*angui* Fl'zvRνε (π non liquet)
17, 38. *peruenit* A'MγνRi'	*peruenit* Egσ'vi	*peruenerit* Fl'zπ'bε
17, 44. *ferent* A'MγRνi'	*ferunt* Ev	*ferent* Fl'zπ'bRνε
18, 9. { *utrumque* aγR / *utrimque* AMνi'	*utrimque* Egσ'vi'	*utrimque* Fl'zπ'bvνε
18, 22. *unguit* A'Mγνi'	*unguet* g cons. E cum l	*unguit* Flzπ'bvRνε
18, 36. *agit* A'Mγ	*aget* Egσ'v	*aget* Fl'zvRνε (π non liquet)
18, 37. *scrutaberis* A'MγRνi'	*scrutaueris* Eg	*scrutaberis* Fl'zπ'bνRνε
18, 39. *reprendes* A'MγRνi'	*rependes* Eg	*reprendes* Fl'zπ'bvRν (ε deficit)
18, 40. *panges* aMγRνi' cons. A	*pangas* g x cons. E	*panges* Fl'zπ'bvRν
18, 45. { *educit* M / *educet* A'γR / νij	*educet* Egσ'i	{ *ducit* Fl'z (*educit* v) / *ducet* π'
18, 74. *dominus pueri* A'MγRν	*pueri dominus* Egi	*dominus pueri* Fl'zπ'bvRνεσ' (d redit: *dominus pulchri pueri* d)
18, 81. *fidentem* A'MγRνi'	*fidentem* Egσ'i'	{ *fidens est* Fldz / *fidenter* v
18, 107. *ut* A'Mγi	*ut* Egσ'i	*et* Fl'dzπbvRνε[V]
18, 111. *donat* A'MγRνi	*donat* Eσvi (*donet* g)	*ponit* Fl'dzbε[V] (*ponat* π)
19, 10. *edixit* A'Mγi cum Lx	*edixi* Egσ	*edixi* FldzπRνε
19, 13. *textore* A'Mγνi	*textore* Egσ'vi	*perperam* Fl'dzπ'bRlε
19, 23. *reget* A'MγRνi[V']	*reget* Egσ'i[V']	{ *regit* dzbvε / *reget* Fl'π'Rν[V]
19, 23. *parios* A'MγRνi'	*parios* Egσ'i'	*patrios* Fl'dzν
19, 30. *oblinat* A'Mγι	*oblinat* Egσ'vi	*optinet* Fl'dzπbRνε
20, 2. *mundus* A'MγRνi'	*mundus* Egσ'i'	{ *nudus* Fl'v / *mundus* dzπ'bRνε
II 1, 16. *nomen* aMγi'j (A desinit)	{ *numen* E[V] cum R / *nomen* gσ'vi'	*nomen* Fl'dzπ'bvε (usque ad epist. II 2, 65 deficit ν)

DISCRIPTIO CLASSIVM.

I.	II.	III.
epist. II 1, 27. *dictitet* aMji' cons. γ	*dictitet* σ'vi cons. E	*dicat et* Fλ'dε *dicit et* π'Rει ut uid.
1, 28. *graecorum* aMγ R cum j	*graiorum* Egi[V']	*graecorum* Fλ'dεπ'bv Rεσ'
1, 37. *que* aMγi	*que* Egσ'i	*ne* Fλ'dεπbvRε
1, 46. *etiam* aMγi cum j	*etiam* Egσ'vi	*et item* Fλ'dεvε (b deficit) *et idem* πR
1, 47. *cadet* Mγ cum σ' jι (a deficit)	*cadat* Egvi'	*cadat* Fλ'dεvε (πR deficiunt)
1, 48. *in fastus* aMγRi	*ad fastos* Ev cum μ	*in fastos* Fλ'dεε
1, 69. *ue* Mγi [V'] (a non liquet)	*ue* Egσ'i [V']	*que* Fλ'dεπ'vRε
1, 91. *haberet* aMγRi'j	*haberet* Egσ'vi'	*haberes* Fλ'dεπ
1, 92. *tereret* aMγi'j	*tereret* Eσ'vi' cons. g	*perperam* Fλ'dεvRε
1, 98. *nunc* aMγRi'j	*nunc* Egσ'vi'	*tunc* Fλ'dεπ
1, 149. *coepit uerti* aMγi'j	*coepit uerti* Egσ'i'	*uerti coepit* Fλ'v *coepit uerti* dεπ'b Rε (b redit)
1, 153. *lata* aM·i	*lata* Egσ'vi	*nata* Fλ'dεπRε
1, 158. *numerus* aMγi'j	*numerus* Egσ'vi'	*numeris* FdεRε
1, 159. *pepulere* aMγi'j	*pepulere* gσ'vi' cons. E	*perperere* Fλ'dεε
1, 167. *inscitiae* Mγ a corr. Gε (*inscitae* a pr. *inscicię* σ)	*inscriptis* Egvix cum μ [V']	*inscite* (*inscitae* φ) Fλ' dεπbRε
1, 186. *gaudet* aMγij [V]	*gaudet* Egσ'i [V']	*plaudet* Fλ'dεπbvR (ε deficit)
1, 205. *laeuae* aMγ·j	*laeuae* Eσ'vi	*laeua* Fλ'dεπ'R
1, 207. *imitata* aMγ Ri'j	*imitata* Egσ'vi'	*imitare* Fλ'dεπ
1, 226. *eo rem uenturam* aMγij	*eo rem uenturam* Egσ'i	*perperam* Fλ'dεπbvR
2, 8. *imitaberis* aMi uar. j [V] (γ desinit)	*imitaberis* Egσ'vi uar. [V]	*imitabitur* λ'dε cum i' *imitabimur* FπR
2, 11. *extrudere* aMij	*extrudere* Egσ'vi	*excludere* Fλ'dεπbRε [V]
2, 22. *rediret* aMi'j [V']	*rediret* Egσ'i' [V']	*ueniret* Fλ'v *rediret* σ'π'bRε [V]
2, 32. *honestis* aMi uar. j	*opimis* gi[V'] λ uar. *honestis* Eσ'v	*honestis* Fλ'δ''π'bv Rε
2, 44. *uellem* aMiι ut uid.	*uellem* Egm *possem* σ'	*possim* Fλ'δ''π'bvRε
2, 63. *tu quod* aMi'	*tu quod* Egσ'vi'm	*quod tu* Fλ'πR *tu quod* δ''bvε
2, 77. *urbem* aMi	*urbem* Eσ'vim	*urbes* Fλ'δ''πRγ (ε deficit)
2, 80. *contacta* aMRvi'	*contracta* Em cum ε x uar. (*cantata* V) *contacta* gσ'vi'	*contacta* Fλ'δ''π'bvRv
2, 83. *curis* aMRvi'	*curis* Egσ'vi'm	*curii* λ'δ''π (ε deficit) *curis* FbvRv
2, 87. *ut* aMvi'	*ut* Egσ'vi'm	*et* Fλ'επR

DISCRIPTIO CLASSIVM.

I.	II.	III.
epist. II 2, 112. *feruntur* aDM*v*i uar. (redit D)	*feruntur* Eg*σ'*m cum *ε* i uar.	*ferentur* Fλ'*π*vR
2, 135. *patentem* aDM*v*i'	*patentem* Eg*σ'v*i'm	*parentem* Fλ'*δ"π*R (*ε* deficit)
2, 158. *mercatus...est* aMi (D deficit)	*mercatus ... est* E*σ'*m [V]	{ *mercatus π'*R { *mercatur* Fλ'*δ"*bv*v* cum g
2, 161. *daturus* aMRi	*daturus* Eg*σ'v*im	*daturas* Fλ'*δ"π'v*[V]
2, 174. *cedat* aMR*v*i'	*cedat* Eg*σ'v*im	{ *cedet* Fλ' { *cedat δ"π*bvR*v*
2, 175. *si* aMR*v*i'	{ *sic* gE corr. m cum h { *si* E pr. *σ'v*i	*si* Fλ'*δ"π*bvR*v*
2, 199. *domus procul absit* aDM*v*i'	*domus procul absit* Eg*σ'v*i'm	*procul* Fλ*δ"π* sim. R
2, 203. *loco re* aDM*v*i cons. R	*loco re* Eg*σ'v*im	*colore* Fλ'*δ"π'*
a. p. 18. *pluuius* aM*γ*R*v*i'c	*pluuius* B'*σ'*u'i'm (Eg deficiunt)	*fluuius* Fλ'*δ*z*π*T (db deficiunt)
20. *expes* aM*γ*R*v*i'	*expes* B'*σ'*u'i'm cum *λ*	*expers* Fl*δ*z*π*bT
35. *ego me* a*γ*R*v*i'c	*ego me* B'*σ'*ui'	{ *egomet* F*δ*zbT*v* { *ego me* l'*π'*uR*v*
43. *ut* aM*γ*R*v*i'c	*ut* B'*σ'*u'i'm	*aut* Fl*δ*z*π*'T (b deficit)
53. *cadant* aM*γv*	*cadent* B'*σ*u'imc[V]	*cadent* Fl'*δ*z*π*'bTu'R
76. *inclusa est* M*γv*i'c (a deficit)	*inclusa est* B'*σ'*i'm	*perperam* Fl'*δ*z*π*bTu'R
92. *decenter* aM*γ*R*v*i'c	*decentem* B[V] cons. C (*decenter σ'*n'm)	*decenter* Fl'*δ*z*π*'bTu'R*v*
111. *effert* aM*γ*i'c (*v* deficit)	*effert* (*efferet* B) B'*σ'*u'i'm	*et certi* Fl'*z*π*bTR
120. *achillem* aM*γ*i'c	*achillem* B'*σ'*u'i'm	{ *achillen* Fl'*π* { *achillem δ*zbTu'
145. *cum* aM*γ*Ri'c	*cum* B'*σ'*u'i'm	{ *omittunt δ*zT cum *ε* { *cum* Fl'*π'*bR
168. *mox mutare* a*γ*Ri'c cons. M	*mox mutare* B'*u'*i'	{ *permutare* Fl'*δ*zbT { (*mutare π*)
196. *amice* aM*γ*ic	*amice* B'*σ'*n'ix corr. m	*ineptiunt* Fl'*δ*z*π*b? TR
203. *pauco* aM*γ*i'c	*pauco* B'*σ'*vi'm	*paruo* Fl'*δ*zbTuR
212. *exhibent* aM*γ*i'c	*exhibent* B'*σ'*u'i'm	*omittunt* Fl'*δπ*'bTR
222. *iocum* aM*γ*Ric	*iocum* C*σ'*n'i	{ *locum δ*z*π*T cum Bm G*ε* { *iocum* Fl'bR
223. *inlecebris* aM*γv*i'c	*inlecebris* B*σ*'n'i' cons. C	*ineptiunt* Fl'*δ*zbTR
235. *pisones* aM*γ*R*v*i'c	*pisones* B'*σ'*u'i'm	*pisonis* Fl'*δ*z*π*T
237. *an* aM*γ*R*v*i'c	*et* B'[V]	*an* Fl'*δ*z*π*Tu'R*v* (b deficit)
279. *aeschylus* aM*γv*i'c	*aeschylus* B'*σ'*i'm	*aeschinus* Fl'*δ*z*π*'T u'R
294. *perfectum* aM*γ*R*v*ic	*presectum, praesectum* B' [V] cum G*ι*?m*ε* uar.	*perfectum* Fl'*δ*z*π*'T n'R*v*
319. *locis* a*γv*ic	*locis* B'vmi[V]	*iocis* Fl'*δ*z*π*T cons. R
328. *poterat* a*γv*c	*poteras* B'*u'*ixm	*poteras* Fl'*δ*zTu'R

DISCRIPTIO CLASSIVM.

I.	II.	III.
a. p. 328. *eu* M γ ν i´c cons. a	*eu* B´σ´i´m [V]	{*est* Fλ´δzTu´ {*em* πR
330. *ad* a M γ R ν i´c	{*an* B[V] {*ad* Cσ´u´i´m	*ad* Fλ´δzπ´Tu´Rν
339. *ne* a M γ R ν c	*nec* B´σui´	*ne* Fλ´δzπ´bTνRν (b redit, T cum classe I facere incipit)
345. *aera* a M R i´c (*aerea* γ)	*aera* Bσ´u´i´	*aere* Fλ´δzbν
349. *remittit* M γ R ν i´c (a deficit)	*remittit* B´σ´vu uar. i´m	perperam Fλ´δ
356. *oberret* a M γ c	*oberrat* B´σ´u´i´m	*oberrat* Fλ´δπbRν
360. *opere in longo* a M γ ν c i ɜ (*opere longo* i ɪ)	*operi longo* B´σ´u´m [V]	*operi longo* Fλ´πb u´R
469. *actor* a M γ R ν i	{*auctor* Bu cum Gc {*actor* Cσ´vim	*actor* Fλ´δπ´bνRν
371. *nescit* a M γ R ν ic	{*nec scit* Bmμ[V](nec sit G) {*nescit* Cσ´u´i	*nescit* Fλ´δπ´bu´Rν
393. *rapidos* a M γ R ν c	*rabidos* Bσvim [V] cum hm	*rapidos* Fλ´π´uRν cons. δ
394. *arcis* a R ν ic cons. M	*urbis* B´σ´u´m [V]	*urbis* Fλ´δπ´bu´
400. *honor* a M γ ν c	*honor* B´u	*honos* Fλδπ´bνR cum i´ (l non liquet)

Sed iam ambo nos editores de Horati codicibus satis superque exposuisse nobis uidemur, quamquam multo plura etiam narrare poteramus. Haud pauca alia, candide lector, in Epilegomenis inuenies, quae uno quoque loco dubio inspicias enixe precamur.

Denique quicumque inde a Ritschelii diebus usque ad hoc tempus labores nostros Horatianos liberaliter ac benigne adiuuerunt, iis omnibus hic etiam gratias agimus quam maximas. Vtinam et huic editioni aequalium fauor contingat!